底线

洪向华 —— 主编

中央党校出版集团
国家行政学院出版社

图书在版编目（CIP）数据

底线 / 洪向华主编. --北京：国家行政学院出版社，2024. 8. --ISBN 978-7-5150-2919-1

Ⅰ. D261. 42

中国国家版本馆 CIP 数据核字第 2024MX6560 号

书　　名	底线 DI XIAN
主　　编	洪向华
责任编辑	刘韫劼
责任校对	许海利
责任印制	吴　霞
出版发行	国家行政学院出版社 （北京市海淀区长春桥路 6 号　100089）
综 合 办	（010）68928887
发 行 部	（010）68928866
经　　销	新华书店
印　　刷	北京盛通印刷股份有限公司
版　　次	2024 年 8 月北京第 1 版
印　　次	2024 年 8 月北京第 1 次印刷
开　　本	170 毫米 ×240 毫米　16 开
印　　张	14. 5
字　　数	187 千字
定　　价	48. 00 元

本书如有印装问题，可联系调换，联系电话：（010）68929022

序　言

牢牢把控底线　防范化解风险

进入新时代，习近平总书记多次强调要善于运用底线思维的方法考虑问题，领导干部要提高底线思维能力。他说：“要善于运用‘底线思维’的方法，凡事从坏处准备，努力争取最好的结果，这样才能有备无患、遇事不慌，牢牢把握主动权。”党的二十大报告指出：“我们必须增强忧患意识，坚持底线思维，做到居安思危、未雨绸缪，准备经受风高浪急甚至惊涛骇浪的重大考验。”习近平总书记关于底线思维的重要论述和党的二十大对树立底线思维的部署，要求我们在经济社会的各项工作中要牢牢把控底线，防范化解风险。

牢牢把控政治底线，防范化解政治风险

我国是工人阶级领导的、以工农联盟为基础的人民民主专政的社会主义国家。政治底线关系到我们党和国家的安危。政治底线其实就是国家政权安全和制度安全，也就是国家主权、政权、政治制度、政治秩序以及意识形态等方面免受威胁、侵犯、颠覆、破坏的客观状态。在当代中国，维护国家政治安全集中表现为对外保持中华人民共和国的主权独立、领土完整，对内坚持中国共产党的领导、人民民主专政、社会主义政治制度和社会政治秩序稳定、马克思主义意识形态的主导地位。从总体上看，我们国家政治安全是好的，

也守住了政治底线。但是也有一些因素需要引起注意。比如说，干部精神懈怠、能力不足、脱离群众、消极腐败的危险在一定范围内存在，“颜色革命”对我国政治安全构成重大现实威胁，我国意识形态领域斗争形势复杂严峻，“一国两制”实践遇到新情况新问题，等等。面对这些问题，要有强烈的风险意识，着力解决维护政治底线的突出矛盾，切实维护党和国家政治安全。一要维护主权独立和领土完整。主权独立和领土完整是国家生存发展的前提和基础。特别是现代民主国家的诞生，进一步确立了国家平等、主权独立、领土完整、不干涉内政等基本国际关系准则。维护国家政治安全最基础的就是维护国家主权独立与领土完整，确保中华人民共和国主权和领土不受侵犯、国家不被分裂。《中华人民共和国宪法》规定，中国公民负有维护国家统一和各民族团结的义务，负有保卫祖国、抵抗侵略的神圣职责。维护国家主权独立与领土完整既是宪法赋予每位公民的神圣职责，也是国家武装力量建立存在的基本任务。二要维护政权安全和制度安全。政权是指掌握国家主权的政治组织及其所掌握的政治权力，以维护对社会的统治和管理。当代中国国家政权体现为中国共产党在国家政治生活中的组织领导和执政地位。政治制度是国家权力的性质、组织、分配、运作等方面的规范法度。中国共产党在中华人民共和国的领导地位和社会主义政治制度的确立是中国社会发展的历史选择和人民的选择，中国的历史发展和现实国情决定了必须坚持中国共产党的领导，坚持社会主义制度，这是维护国家政治安全的核心。三要保证国家政治秩序稳定和主流意识形态巩固。国家政治秩序是保证国家政权运行和政治活动开展的社会基础，维护国家政治秩序就是确保国家政权正常运转、政治制度不受干扰破坏，保持基本的安全状态，为政权运转和政治制度稳固提供安定有序的社会环境。维护我国政治秩序稳定就必须始终坚持中国共产党在各项工作中的领导地位，始终坚持马克思主义在意识形态领域的主导地位，坚持人民民主专政，坚持社会主义道路，为中国共产党执政活动和社会主义政治制度的依法落实创造和谐有序、安全稳定的社会环境。维护国家政治秩序稳定应以人民群众的支持和拥护为根本，如果失去了群众基础，国家政治秩序稳定就会受到严重危害，进而影响到国家政治安全。

牢牢把控经济底线，防范化解经济风险

在经济工作中是有底线的，触碰了这个底线就会威胁到经济安全。经济底线就是坚持社会主义基本经济制度不动摇，不断完善社会主义市场经济体制，坚持发展是硬道理，不断提高国家的经济整体实力、竞争力和抵御内外各种冲击与威胁的能力，重点防控好各种重大风险挑战，保护国家根本利益不受损害。把控经济底线要做到以下几点。一是毫不动摇坚持社会主义基本经济制度。强化国家经济安全保障，必须坚持和完善社会主义基本经济制度，坚持社会主义市场经济改革方向，毫不动摇巩固和发展公有制经济，毫不动摇鼓励、支持、引导非公有制经济发展，坚持按劳分配为主体、多种分配方式并存，不断完善社会主义市场经济体制。针对社会上质疑我国基本经济制度、动摇市场经济改革方向、否定民营经济地位作用的各类杂音噪音，要毫不含糊地亮明态度、正本清源。二是保持经济的合理增长速度。我们完成2035年基本实现社会主义现代化建设的目标，完成本世纪中叶全面建成富强民主文明和谐美丽的社会主义现代化强国的目标，实现中华民族伟大复兴，必须保持一定

的经济增长速度，否则，就会影响到这些目标的顺利实现。三是守住粮食安全的底线。习近平总书记指出粮食安全是“国之大者”，并强调“解决好十几亿人口的吃饭问题，始终是我们党治国理政的头等大事”。保障国家粮食安全的根本在耕地，耕地是粮食生产的命根子。要牢牢守住18亿亩耕地的红线，落实最严格的耕地保护制度，加强用途管制，规范占补平衡，强化土地流转用途监管，推进撂荒地利用，坚决遏制耕地“非农化”、基本农田“非粮化”。中国人的饭碗要牢牢端在自己手中，就必须把种子牢牢攥在自己手里。要围绕保障粮食安全和重要农产品供给集中攻关，实现种业科技自立自强、种源自主可控，用中国种子保障中国粮食安全。四是守住能源安全的底线。能源安全对国家繁荣发展、人民生活改善、社会长治久安至关重要。目前，外部环境深刻变化对我国能源安全提出更大挑战，经济社会发展对安全可靠能源供应提出更高需求，满足人民美好生活需要对高水平能源保障提出更高要求。要坚持全国能源发展一盘棋。加强系统谋划和统筹协调，做到宏观着眼、微观着手，心中有数、手上有招，确保能源发展平稳有序。要统筹发展和安全，有力保障经济社会发展用能需求。处理好新能源的建设和消纳的关系，实现高效利用；处理好新能源快速发展和传统能源稳定供应的关系，实现安全可靠替代；处理好国内国际两个市场两种资源的关系，实现开放条件下的能源安全。要统筹供给和需求，加快能源绿色低碳转型步伐。紧盯党中央已经明确的“双碳”目标和时间表、路线图，加快建设新型能源体系。一手抓好能源供给侧结构性改革，有效保障绿色能源高质量供给；一手抓好能源消费革命，大力推动节能降碳。要统筹政府和市场，协调加快建设新型能源体系。更好发挥有效市场和有为政府作用，在市场化、法治化轨道上推进能源改革发展。更加注重系统集成，健全能源市场体系；更加注重突出重点，完善能源价格形成机制；更加注重改革实效，加强政策协同。

牢牢把控民生底线，防范化解民生风险

民生是人民幸福之基、社会和谐之本。习近平总书记指出，“人民幸福安康是推动高质量发展的最终目的”，“现代化不仅要看纸面上的指标数据，更要看人民的幸福安康”。2023 年中央经济工作会议提出，“要围绕推动高质量发展，突出重点，把握关键，扎实做好经济工作”，“切实保障和改善民生。要坚持尽力而为、量力而行，兜住、兜准、兜牢民生底线”。兜住、兜准、兜牢民生底线必须做到以下几点。一是更加突出就业优先导向，确保重点群体就业稳定。就业牵动着千家万户的生活，任何时候都要抓好。必须落实落细就业优先政策，推动形成高质量发展与就业扩容提质互促共进的良性循环。要完善调控手段，充实政策工具箱，强化财政、货币、投资、消费、产业、区域等政策支持就业的导向，实现与就业政策协同联动。统筹城乡就业政策体系，破除妨碍劳动力、人才流动的体制机制障碍，消除影响平等就业的不合理限制，让人人都有通过勤奋劳动实现自身发展的机会。促进制造业高质量就业，扩大服务业就业，拓展农业就业空间，支持中小微企业和个体工商户持续稳定发展以增加就业，促进数字经济领域就业创业。完善高校毕业生、退役军人、农民工等重点群体就业支持体系，加强困难群体就业兜底帮扶。二是织密扎牢社会保障网，健全分层分类的社会救助体系。社会保障是保障和改善民生、维护社会公平、增进人民福祉的基本制度保障。织密扎牢社会保障网，首先要健全分层分类的社会救助体系，

免除全体国民的“生存危机”和“生存恐惧”，维持国民的最低生活水准，切实起到兜底保障作用；其次要进一步完善社会保险体系，解除养老、医疗、工伤、失业、生育、失能等后顾之忧，保障参保人在风险事故发生后的基本生活；最后要完善面向老年人、残疾人、妇女儿童等特定群体的社会福利制度体系，维护和促进社会公平。三是加快完善生育支持政策体系，发展银发经济，推动人口高质量发展。一方面，落实和完善财政、税收、保险、教育、住房、就业等方面生育支持政策，营造生育友好的社会环境，促进生育率合理回升；另一方面，开发和利用丰富的低龄老年人力资源，发展银发经济，促进养老与教育培训、健康、体育、文化、旅游、家政、康复辅具等产业融合发展，有效推动经济社会的适老化转型。

牢牢把控执政底线，防范化解执政风险

中国共产党最大的基础是人民群众，执政底线就是不能脱离人民群众。脱离群众危险是我们党执政后的最大危险，也是新时代坚定不移全面从严治党必须着力解决的重大问题。当前，少数党员干部对脱离群众的危险认识不足，密切联系群众的自觉性不强。脱离群众、脱离实际的官僚主义有所滋长。机构臃肿、人浮于事、高高在上、脱离群众，主观主义、脱离实际，滥用权力、独断专行，以权谋私、贪污腐败的现象突出，一些领导干部不从实际出发、不按规律办事、不讲民主，只对上级领导负责、不对基层群众负责。官僚主义的滋生蔓延，妨碍了党的方针政策的贯彻落实，影响了国家政权机关的工作效率，不同程度地损害了人民群众的利益，损害了党与人民群众的血肉联系。防范化解党的建设领域的重大风险，牢

牢把控执政底线，必须站稳人民立场，坚持以人民为中心，在全心全意为人民服务中提升政治站位、提高工作能力。一要紧紧围绕保持党和人民群众的血肉联系这个核心。各级党组织要督促引导党员干部坚守人民立场，增强群众观念和群众感情，树立新风正气，贯彻党的群众路线，提高群众工作本领，切实做到思想上尊重群众、感情上贴近群众、工作上凝聚群众、行动上服务群众。二要紧紧扭住解决问题、务求实效这个关键。人民群众不仅要看我们是怎么说的，更要看我们是怎么做的。解决好人民群众最关心最直接最现实的利益问题，人民才会真心实意地信任党、拥护党、跟党走。新时代加强党的建设，就要紧扣民心这个最大的政治，把赢得民心民意、汇集民智民力作为重要着力点。维护社会大局稳定，要切实落实保安全、护稳定各项措施，下大气力解决好人民群众切身利益问题，全面做好就业、教育、社会保障、医药卫生、食品安全、安全生产、社会治安、住房市场调控等各方面工作，不断增加人民群众获得感、幸福感、安全感。三要紧紧抓住抓常、抓细、抓长这个要害。防范化解执政风险工作的政治性、政策性、实效性、科学性都很强，来不得半点虚假，来不得半点马虎，必须察实情、出实招、办实事、求实效。我们不仅要在思想上作风上坚决反对形式主义、官僚主义，而且要在制度上形成杜绝形式主义、官僚主义的体制机制，牢固树立有风险没有及时发现是失职、发现风险没有及时提示和处置是渎职的理念，把防范化解执政风险工作做实做细做好。

牢牢把控纪律底线，防范化解违纪风险

党的纪律是指党的组织和全体党员共同遵守的党内行为规范。

中国共产党的纪律是按照民主集中制原则，根据党的性质、纲领和实现党的路线、方针、政策的需要而制定的。党的纪律是执行党的路线、方针、政策和决议，维护党的团结统一，巩固党同群众的密切联系，提高党的战斗力的重要保证。广大党员干部和各级党组织都必须遵章守纪，不逾矩。失去纪律底线，发生违纪行为，就会害人害己，祸国殃民。所以广大党员干部和各级党组织要牢牢把控纪律底线，防范化解违纪风险。一是不断加强党员干部的党性修养。通过一系列的学习教育活动，使广大党员干部逐步做到严于律己、廉洁奉公，模范遵守社会公德、职业道德、家庭美德，坚持以德修身、以德服众、以德润才，严格遵守党纪条规，坚定理想信念，增强政治意识，提高服务和执政水平。二是各级领导干部要带头遵守法律，带头依法办事。领导干部对法律的信仰如何，能否成为社会主义法治的忠实崇尚者、自觉遵守者和坚定捍卫者，能否自觉地遵守法律、依法办事，直接影响到法治社会的建设程度。领导干部只要能做尊法学法守法用法的模范，就能带动全党全国一起努力，在建设中国特色社会主义法治体系、建设社会主义法治国家上不断取得新的伟大成绩。同时也要看到，领导干部是经济社会发展的领导者和组织者，是国家法律法规的执行者，同时也是体制机制的调整者。习近平总书记多次强调："各级领导干部在推进依法治国方面肩负着重要责任，全面依法治国必须抓住领导干部这个'关键少数'"，"领导干部都要牢固树立宪法法律至上、法律面前人人平等、权由法定、权依法使等基本法治观念"。三是深入开展法治宣传教育，在全社会弘扬社会主义法治精神，引导全体人民遵守法律、有问题依靠法律来解决，形成守法光荣的良好氛围。只有在全民当中树立法治理念，才会敦促党员干部遵守法律、依法办事。我们党坚持把全民普法和守法作为依法治国的长期基础性工作，深入开展法治宣传教育，引导全民自觉守法、遇事找法、解决问题靠法，全体公民的法律意识不断提高，为党员干部遵守国家法律培育了良好的社会氛围。

洪向华

2024 年 7 月

目　录 CONTENTS

第一章 坚持全党最基本的政治底线不动摇

毫不动摇坚持和巩固党的领导地位和执政地位，毫不动摇坚持和发展中国特色社会主义，是全党最基本的政治底线。习近平总书记强调指出，“中国特色社会主义最本质的特征是中国共产党领导，中国特色社会主义制度的最大优势是中国共产党领导，中国共产党是最高政治领导力量，坚持党中央集中统一领导是最高政治原则”①。因此，必须坚定不移高举中国特色社会主义伟大旗帜，坚持和拓展中国特色社会主义道路，坚持和丰富中国特色社会主义理论体系，坚持和完善中国特色社会主义制度。同时，坚持党的全面领导是坚持和发展中国特色社会主义的必由之路，必须坚持党对一切工作的领导，不断健全和完善党的领导制度体系，确保党始终成为中国特色社会主义事业的坚强领导核心。

---

① 习近平：《高举中国特色社会主义伟大旗帜　为全面建设社会主义现代化国家而团结奋斗——在中国共产党第二十次全国代表大会上的报告》，《人民日报》2022 年 10 月 26 日。

一、毫不动摇坚持和巩固党的领导地位和执政地位

中国共产党是中国特色社会主义事业的坚强领导核心。没有中国共产党，就没有新中国，就没有中国特色社会主义。习近平总书记指出："一定要认清，中国最大的国情就是中国共产党的领导。什么是中国特色？这就是中国特色。"① 因此，必须毫不动摇坚持和巩固党的领导地位和执政地位。

（一）实现中华民族伟大复兴的根本保证

回首百年奋斗路，党的领导地位和执政地位是实现中华民族伟大复兴的根本保证，必须毫不动摇地坚持和巩固。

100 多年前，许多有志之士为了救亡图存，远赴欧美"西天取经"，东渡日本"寻求药方"，演绎了一曲曲荡气回肠的悲壮之歌。民主革命的先驱孙中山发出了"振兴中华"的呐喊，领导了辛亥革命，推翻了封建帝制，但最终仍以失败告终。民族复兴何去何从？人们仍在黑暗中苦苦求索。中国共产党成立后，领导中国人民围绕"走什么路"这一根本问题进行了不懈努力，从探寻符合中国实际的新民主主义革命道路到开创社会主义改造和社会主义建设道路，再到开辟中国特色社会主义的崭新道路，党不仅带领人民找到了实现民族复兴的康庄大道、人间正道，更始终谨记"邯郸学步，失其故行"的历史教训，始终警惕步入"封闭僵化的老路"和"改旗易帜的邪路"，始终带领人民沿着正确的

---

① 习近平：《中国共产党领导是中国特色社会主义最本质的特征》，《求是》2020 年第 14 期。

政治方向阔步前行。100 多年来，我们党团结带领全国各族人民实现了民族独立、人民解放，找到了实现中华民族伟大复兴的正确道路，创造了世所罕见的经济快速发展、社会长期稳定“两大奇迹”，中华民族迎来了从站起来、富起来到强起来的伟大飞跃，中国特色社会主义迎来了从创立、发展到完善的伟大飞跃，中国人民迎来了从温饱不足到小康富裕的伟大飞跃，创造了中华民族发展史上、世界社会主义发展史上、人类社会发展史上的“中国奇迹”。百年寻路和追梦的实践证明，中国共产党彰显出无可比拟的领导力，无愧为实现中华民族伟大复兴的道路开拓者和方向引领者。

人无精神不立，国无精神不强。历史和现实告诉我们，一个国家、一个民族要自立于世界民族之林，不仅要有强大的物质基础，更要有强大的精神力量。实现中华民族伟大复兴的中国梦，必须大力弘扬中国精神，用以爱国主义为核心的民族精神和以改革创新为核心的时代精神凝心聚力，振奋起全民族的“精气神”。旧中国，不仅国势衰微、饱受欺凌，更背负着“东亚病夫”的奇耻大辱。中国共产党一经成立，中国人民不仅有了主心骨，更在精神上由被动转为主动。100 多年来，党带领人民在改天换地、战天斗地、翻天覆地的非凡历程中，淬炼形成了中华民族崭新的精神谱系。从孕育着我们党初心和使命的红船精神，到历经烽火洗礼的井冈山精神、长征精神、延安精神、抗战精神、西柏坡精神；从社会主义建设年代锻造的“两弹一星”精神、雷锋精神、铁人精神、焦裕禄精神、红旗渠精神，到改革开放伟大实践中迸发的特区精神、女排精神、载人航天精神、塞罕坝精神、抗疫精神，等等。党的精神谱系既继承中华优秀传统文化，又与时俱进体现时代发展要求，是党领导人民进行伟大创造的兴国之魂、强国之魂，成为中华民族的精神高地。在推进中华民族伟大复兴的伟大征程中，更加需要我们党把全体人民紧紧凝聚在一起，强固团结一心的精神纽带，激发自强不息的精神动力，永远朝气蓬勃迈向未来。

（二）关系到中国特色社会主义的性质、方向和命运

中国特色社会主义最本质的特征是中国共产党领导。中国共产党是中国特色社会主义事业的坚强领导核心，党的领导地位和执政地位，关系到中国特色社会主义的性质、方向和命运。

“党的领导是中国特色社会主义最本质的特征”，就在于党的领导是中国特色社会主义本质特征中最核心、最重要、最关键的特征，中国特色社会主义其他特点和特征都是由党的领导这一最本质特征决定的，都是在党的领导下形成发展、发挥作用、彰显优势的。比如，人民当家作主，是社会主义的本质和核心，也是我们党始终高扬的旗帜。党领导人民确立并不断巩固我们国家的国体、政体、根本制度、基本制度、重要制度和各方面的制度，形成了人民当家作主的制度体系。党领导人民大力推进社会主义民主政治建设，人民依法享有广泛、充分、真实的民主，真正成为国家、社会和自己命运的主人。离开党的领导，人民当家作主就失去根本保证，就会落空。可以说，如果党的领导地位和执政地位动摇了，中国特色社会主义其他本质特征将失去依托，中国特色社会主义也将不复存在。

中国特色社会主义之所以是社会主义，究其根本就在于坚持科学社会主义基本原则，在于坚持中国共产党的领导，在实践中不断推进马克思主义中国化时代化。中国共产党坚持把马克思主义基本原理同中国具体实际相结合、同中华优秀传统文化相结合，不断推进马克思主义中国化时代化，坚持解放思想、实事求是、与时俱进、求真务实，既不走封闭僵化的老路，也不走改旗易帜的邪路，坚定不移走中国特色社会主义道路。党的性质宗旨、理想信念、初心使命赋予中国特色社会主义事业以信仰的力量、真理的力量、团结奋斗的力量，决定着中国特色社会主

义事业的前途命运。

中国共产党的自身优势是中国特色社会主义制度优势的主要来源。中国共产党是中国工人阶级的先锋队，同时是中国人民和中华民族的先锋队，集中了全民族先进分子，具有广泛坚实的阶级基础、群众基础和社会基础，是中国特色社会主义事业的领导核心。党经受了长期历史考验和血与火的洗礼，形成了思想高度统一、组织体系严密、组织纪律严明的统一整体。党的基层组织和广大党员始终发挥着战斗堡垒和先锋模范作用。党始终坚持真理、修正错误，自我净化、自我完善、自我革新、自我提高，始终保持强大的创造力、凝聚力、战斗力。

中国共产党能够集中全党全国力量、凝聚全民族共同意志，在各项事业中发挥总揽全局、协调各方的作用，确保中国特色社会主义制度的显著优势充分彰显。中国共产党是中国式现代化的强有力的领导者和组织者，能够有效协调党和国家事业各领域重大关系，把全党全国各族人民的积极性调动起来，把各方面的资源和力量汇聚起来，集中力量解决人民群众最关心最直接最现实的利益问题。新冠疫情暴发之初，火神山医院、雷神山医院在 10 多天时间里拔地而起，在最短时间内实现了医疗资源和物资供应从紧缺向动态平衡的提升，第一时间研发出核酸检测试剂盒……实践表明，只有毫不动摇坚持和巩固党的领导地位和执政地位，才能使党自身的优势充分彰显，不断转化为中国特色社会主义制度优势和国家治理效能，极大增强全党全国各族人民实现伟大目标的凝聚力和向心力。

（三）必须贯穿到治国理政的方方面面

中国共产党作为最高政治领导力量，在党和国家事业发展中居于中心地位。党的领导是全面的、系统的、整体的，必须贯穿到治国理政的方方面面。习近平总书记指出："哪个领域、哪个方面、哪个环节缺失了弱化了，都会削弱党的力量，损害党和国家事业。”①

所谓“全面的”，就是党中央统揽伟大斗争、伟大工程、伟大事业、伟大梦想，统筹推进“五位一体”总体布局、协调推进“四个全面”战略布局，全面领导改革发展稳定、内政外交国防、治党治国治军等各领域各方面工作，对党和国家事业发展重大工作实行集中统一领导。在领导对象上，党领导人大、政府、政协、监察机关、审判机关、检察机关、武装力量、人民团体、企事业单位、基层群众性自治组织、社会组织等；在领导内容上，党领导经济建设、政治建设、文化建设、社会建设、生态文明建设和国家安全、国防军队、祖国统一、外交工作、党的建设等；在领导过程上，党既制定路线方针政策，又协调各方、督促落实，党的领导贯穿于立法、决策、执行、管理、监督等各项工作之中；在领导方式上，党通过制定大政方针，提出立法建议，推荐重要干部，进行思想宣传，发挥党组织和党员的作用等，实施党对国家和社会的全面领导。

所谓“系统的”，就是党中央在推进中国特色社会主义事业中把方向、谋大局、定政策、促改革，通过总揽全局、协调各方，把党的领导落实到国家治理各领域各方面各环节。涉及全党全国性的重大方针政策问题只有党中央有权作出决定和解释，各级人大、政府、政协、监察机关、审判机关、检察机关、武装力量、各民主党派和无党派人士、人民团体、企事业单位、基层群众性自治组织、社会组织等，都必须自觉接受党中央领导。党通过改革和完善党和国家机构职能体系，完善党的领导体制和工作机制，完善党中央重大决策部署落实机制，完善党中央决策议事协调机构，加强党中央权威和集中统一领导，把党的领导系统地贯穿到国家政权的机构、体制、制度等的设计、安排、运行之中，以利

① 习近平：《毫不动摇坚持和加强党的全面领导》，《求是》2021 年第 18 期。

于更好发挥党的政治保证和组织保障的重要作用，推进各项事业更好发展。

所谓“整体的”，是指党的领导体现在国家权力运行各环节全过程，在国家治理体系这个大棋局中，党中央总揽全局、协调各方，是坐镇中军帐的“帅”，车马炮各展其长，一盘棋大局分明，从而有效保证治国理政有方向、有章法、有力量。无论是党的中央组织还是地方组织、基层组织，都要按照党章的规定发挥各自作用。党的领导作为一个统一整体是不可分割的，必须按照民主集中制原则，层层体现到治国理政的全过程各方面。党中央作出的决策部署，党的组织、宣传、统战、政法等部门要贯彻落实，人大、政府、政协、监委、法院、检察院、军队的党组织要贯彻落实，人民团体、企事业单位等的党组织也要贯彻落实。党委在同级各种组织中起领导核心作用，各方面都应该自觉向党委报告重大工作和重大情况，在党委统一领导下尽心尽力做好自身职责范围内的工作。党的十八大以来，中央政治局常务委员会先后多次召开会议，听取全国人大常委会、国务院、全国政协和最高人民法院、最高人民检察院党组等的工作汇报，这已成为实现党中央集中统一领导的重要制度安排，也是党的领导核心地位的重要体现。

党的领导是全面的、系统的、整体的，并不是说党组织包揽包办一切、事无巨细什么都去管，而是在各级各种组织中发挥领导核心作用，既善于总揽全局，又善于协调各方，不断增强党组织的领导统筹能力，充分调动方方面面的工作积极性，使党的领导作用贯穿于工作全过程。

（四）不断增强政治自觉、思想自觉和行动自觉

党的领导核心地位和执政根基的稳固，是党和国家长治久安、人民幸福安康的重要保障。新时代、新征程、新使命，对坚持和巩固党的领

导地位和执政地位提出了更高要求。因此，我们必须深刻认识到毫不动摇坚持和巩固党的领导地位和执政地位的极端重要性，以更加坚定、明确、有力的姿态，深刻领悟“两个确立”的决定性意义，把“两个维护”落到实处，不断增强坚持和巩固党的领导地位和执政地位的政治自觉、思想自觉和行动自觉，确保全党步调一致向前进。

过去一个时期内，党内存在不少对坚持和巩固党的领导地位和执政地位认识模糊、行动乏力问题。党的十八大以来，以习近平同志为核心的党中央采取一系列重大措施，根本扭转了一些地方和部门落实党的领导弱化、虚化、淡化、边缘化状况，使党的领导得到全面加强。面对加速演进的世界百年未有之大变局，面对中华民族伟大复兴战略全局，我们需要从党的百年奋斗历程中汲取丰富历史经验，毫不动摇坚持和巩固党的领导地位和执政地位，毫不动摇把党建设得更加坚强有力，不断增强“四个意识”、坚定“四个自信”、做到“两个维护”，胸怀“国之大者”，不断提高党科学执政、民主执政、依法执政水平，更好发挥党总揽全局、协调各方的领导核心作用。最关键的是必须坚决维护习近平同志党中央的核心、全党的核心地位。习近平总书记党中央的核心、全党的核心地位，是在新的伟大斗争实践中形成的。党的十八大以来，习近平总书记带领全党全军全国各族人民进行具有许多新的历史特点的伟大斗争，开创了治国理政新局面，赢得了广大人民群众衷心爱戴，受到国际社会高度赞誉。实践表明，习近平总书记的领导核心地位是历史的选择、人民的选择，有了习近平总书记这个核心，全党就有了主心骨，人民就有了领路人，党和国家事业就有了定盘星。

当前，国内外形势正在发生深刻复杂变化，我国发展仍处于重要战略机遇期，但机遇和挑战都有新的发展变化。我们党面临的“四大考验”是长期的、复杂的，面临的“四种危险”是尖锐的、严峻的。面对这样的时与势，有效应对重大挑战、抵御重大风险、克服重大阻力、解决重大矛盾，实现第二个百年奋斗目标，必须坚定拥护核心、始终跟随核心、坚决捍卫核心。党的各级组织、全体党员特别是高级干部都要自觉同党的基本理论、基本路线、基本方略对标对表，同党中央决策部署对标对表，及时校准偏差，做到党中央提倡的坚决响应、党中央决定的坚决照办、党中央禁止的坚决杜绝。深刻学习领会习近平新时代中国特色社会主义思想，坚持不懈用以武装头脑、指导实践，不断提高政治判断力、政治领悟力、政治执行力，坚定不移把“两个维护”贯彻到党和国家工作的全过程各方面，才能确保新时代中国特色社会主义巍巍巨轮行稳致远。

二、毫不动摇坚持和发展中国特色社会主义

中国特色社会主义是中国共产党和中国人民历经千辛万苦、付出巨大代价取得的根本成就，是实现中华民族伟大复兴的必由之路。习近平总书记在庆祝中国共产党成立100周年大会上的讲话中强调：“中国特色社会主义是党和人民历经千辛万苦、付出巨大代价取得的根本成就，是实现中华民族伟大复兴的正确道路。”① 新中国成立70多年以来，特别是改革开放40多年以来，中国特色社会主义扎根中华大地、改变民族命运的伟大实践和举世瞩目的辉煌成就，充分说明只有中国共产党才能领导中国，只有社会主义才能救中国，只有坚持和发展中国特色社会主义才能实现中华民族伟大复兴，必须毫不动摇坚持和发展中国特色社会主义。

① 习近平：《在庆祝中国共产党成立100周年大会上的讲话》，《人民日报》2021年7月2日。

（一）党和人民历经艰辛取得的根本成就

回首百年，从山河破碎到国泰民安，从满目疮痍到民族振兴，中国人民在中国共产党的领导下取得了一个又一个伟大胜利，中华民族迎来了从站起来、富起来到强起来的伟大飞跃。历史雄辩地证明：只有社会主义才能救中国，只有中国特色社会主义才能发展中国。以史为鉴、开创未来，在全面建设社会主义现代化国家的新征程上，我们必须毫不动摇地继续坚持和发展中国特色社会主义。

中国特色社会主义是在改革开放 40 多年的伟大实践中得来的。党的十八大之后，习近平总书记离京视察的第一站就是改革开放的前沿阵地深圳，向世界宣示中国改革不停顿、开放不止步。改革开放 40 周年之际，习近平总书记再次亲临深圳，作出重要指示，赋予深圳“建设中国特色社会主义先行示范区”“创建社会主义现代化强国城市范例”的崇高使命。2020 年 10 月 14 日，习近平总书记出席深圳经济特区建立 40 周年庆祝大会并发表重要讲话，强调要以一往无前的奋斗姿态、风雨无阻的精神状态，在更高起点上推进改革开放。深圳，从当年的小渔村发展成为今天的国际化大都市，是中国特色社会主义在一张白纸上的精彩演绎，是改革开放 40 多年来我国蓬勃发展的一个缩影。党的十一届三中全会作出了改革开放的历史性决策，开创了社会主义现代化建设新时期，小岗破冰、深圳兴涛、海南弄潮、浦东逐浪。进入新时代，以习近平同志为核心的党中央准确把握我国发展新的历史方位，不断深化对中国特色社会主义建设规律的认识，科学回答党和国家事业发展面临的一系列重大理论和实践问题，取得重大理论创新成果，解决了许多长期想解决而没有解决的难题，办成了许多过去想办而没有办成的大事，党和国家事业取得历史性成就、发生历史性变革，推动我国迈上全面建设社会主义现代化国家新征程。40 多年弹指一挥间，“中华号”巨轮在中国特色社会主义航道上闯险滩、战激流，胜利驶入崭新而宽广的天地。从开启新时期到跨入新世纪，从站上新起点到进入新时代，中国特色社会主义展现出蓬勃生机和强大活力。

中国特色社会主义是改革开放新时期开创的，但也是建立在我们党长期奋斗基础上的，是由党团结带领人民历经艰辛、接续探索而取得的重大成果。当年毛泽东就说过，“中国民族和人民要彻底解放，必须实现国家工业化”①。今天的中国，已经成为世界第一制造大国，拥有 41 个工业大类、207 个工业中类、666 个工业小类，是全世界唯一拥有联合国产业分类中所列全部工业门类的国家。这一伟大成就，是在改革开放的伟大实践中取得的，也是在新中国已经建立起社会主义基本制度，并进行 20 多年建设的基础上取得的。新中国成立后，以毛泽东同志为主要代表的中国共产党人带领人民完成社会主义改造，建立社会主义基本制度，为以后的探索奠定了重要基础。我们党领导人民自力更生、艰苦奋斗，积极进行社会主义实践探索，开展了大规模经济建设。仅“一五”时期，全国工业总产值年平均增长 18%。鞍山钢铁联合企业、长春第一汽车制造厂、武汉重型机床厂等一大批现代化工业企业拔地而起，我国在较短时间内建立起了独立的比较完整的工业体系和国民经济体系。这些实践探索及取得的伟大成就，为新的历史时期开创中国特色社会主义提供了宝贵经验、理论准备、物质基础。

事实证明，中国特色社会主义不是从天上掉下来的，更不是什么外国人恩赐给我们的，而是中国历史发展的必然结果，是中国共产党团结带领人民坚持走自己的路、独立自主创造的，是党和人民历尽千辛万苦、付出巨大代价取得的，是历史的选择、人民的选择、实践的选择，是历史必然性、主体能动性和实践创造性的有机统一。

---

① 《毛泽东年谱（1949—1976）》第 1 卷，中央文献出版社 2013 年版，第 481 页。

（二）坚定中国特色社会主义“四个自信”

改革开放以来，我们取得一切成绩和进步的根本原因，归结起来就是：开辟了中国特色社会主义道路，形成了中国特色社会主义理论体系，确立了中国特色社会主义制度，发展了中国特色社会主义文化。中国特色社会主义道路是实现途径，中国特色社会主义理论体系是行动指南，中国特色社会主义制度是根本保障，中国特色社会主义文化是精神力量，四者统一于中国特色社会主义伟大实践。这是中国特色社会主义最鲜明的特色，必须坚定道路自信、理论自信、制度自信、文化自信。

何谓道路自信？坚定道路自信，就是坚信中国特色社会主义道路是我国实现社会主义现代化、创造人民美好生活的必由之路，是实现中华民族伟大复兴的必由之路。这一道路既坚持以经济建设为中心，又全面推进经济、政治、文化、社会、生态文明建设以及其他各方面建设；既坚持四项基本原则，又坚持改革开放；既不断解放和发展社会生产力，又逐步实现全体人民共同富裕、促进人的全面发展。

何谓理论自信？坚定理论自信，就是坚信中国特色社会主义理论体系是指导党和人民实现中华民族伟大复兴的正确理论，是立足时代前沿、与时俱进的科学理论。中国特色社会主义理论体系，坚持和发展了马克思主义，深刻回答了当代中国向何处去、社会主义向何处去、人类向何处去等重大时代之问，推动中国实现从“赶上时代”到“引领时代”的跨越。

何谓制度自信？坚定制度自信，就是坚信中国特色社会主义制度是当代中国发展进步的根本制度保障，是具有明显制度优势、强大自我完善能力的先进制度。中国特色社会主义制度，坚持了我国社会主义的根本性质，借鉴了古今中外制度建设的有益成果，集中体现了中国特色社会主义的特点和优势。比如，我国的政治制度，避免了一些西方国家党派纷争、利益集团偏私、少数政治“精英”操弄等问题。我国的基本经济制度，有利于实现共同富裕，避免了许多资本主义国家存在的贫富差距拉大、社会矛盾加深等弊病。

何谓文化自信？坚定文化自信，就是坚信中国特色社会主义文化积淀着中华民族最深层的精神追求，代表着中华民族独特的精神标识，是激励全党全国各族人民奋勇前进的强大精神力量。这一文化源自中华民族五千多年文明历史所孕育的中华优秀传统文化，熔铸于党领导人民在革命、建设、改革中创造的革命文化和社会主义先进文化。我们的文化自信从历史传承中来、从革命奋斗中来、从改革创新中来。

“四个自信”来源于对制度的深刻理解。中国特色社会主义是在长期革命、建设和改革实践中逐步形成的，符合中国国情，体现了人民意志，具有鲜明的中国特色。我们深知，这一制度是中国人民历经千辛万苦、付出巨大代价赢得的根本成就，是确保国家长治久安、人民幸福安康的重要保障。因此，我们对这一制度充满自信，坚信它能够在新的历史条件下不断发展和完善。

“四个自信”来源于对道路的正确把握。中国特色社会主义是在探索中前进、在创新中发展的。我们始终坚持以经济建设为中心，坚持四项基本原则，坚持改革开放，不断推动社会主义现代化建设。这条道路既符合中国实际，又顺应时代潮流，是我们走向繁荣富强的必由之路。我们对这条道路充满自信，坚信它能够引领我们实现中华民族伟大复兴的中国梦。

“四个自信”来源于对理论的科学认识。中国特色社会主义理论体系是在实践基础上不断丰富和发展的，深刻揭示了社会主义建设的规律，为我们提供了科学指导和行动纲领。我们坚持以马克思列宁主义、毛泽东思想、邓小平理论、“三个代表”重要思想、科学发展观和习近平新时代中国特色社会主义思想为指导，不断推进实践基础上的理论创新。我们对中国化时代化的马克思主义充满自信。

“四个自信”来源于对文化的自豪和坚守。中华优秀传统文化是中华民族的根和魂，是我们走向世界的独特标识。我们坚定文化自信，弘扬中华优秀传统文化，推动中华文化创造性转化、创新性发展。这种自信让我们在世界文化交流互鉴中保持定力、展现魅力，为构建人类命运共同体贡献中国智慧和中国方案。

在新的历史起点上，我们要继续坚定信念、昂扬斗志，不断完善和发展中国特色社会主义。我们要以更加开放的姿态拥抱世界，以更加务实的作风推动发展，以更加坚定的决心维护国家主权、安全和发展利益。只有这样，我们才能在新时代的历史进程中不断取得新的胜利，为实现中华民族伟大复兴的中国梦作出无愧于时代的贡献。

（三）推动中国特色社会主义不断开拓前进

社会主义是前无古人的伟大事业，没有现成的方案可以遵循，必须随着时代、实践和科学的发展不断探索前进。

社会主义是一个不断发展和完善的实践过程，需要一代又一代人的接续奋斗。虽然经过几十年的理论和实践探索，我们对社会主义的认识，对中国特色社会主义建设规律的把握，已经达到了一个前所未有的新高度；但是我国社会主义还处在初级阶段，我们还面临很多没有弄清楚的问题和待解决的难题，对许多重大问题的认识和处理都还处在不断深化的过程之中。因此，习近平总书记在 2013 年 1 月 5 日新进中央委员会的委员、候补委员学习贯彻党的十八大精神研讨班上的讲话中指出：“坚持和发展中国特色社会主义是一篇大文章，邓小平同志为它确定了基本思路和基本原则，以江泽民同志为核心的党的第三代中央领导集体、以胡锦涛同志为总书记的党中央在这篇大文章上都写下了精彩的篇章。现在，我们这一代共产党人的任务，就是继续把这篇大文章写下去。”①

社会主义发展道路从来都不是笔直的，始终充满着险阻曲折，需要依靠顽强斗争打开事业发展新天地。中国特色社会主义是在斗争中开辟的，也是在斗争中前进的。我们党一路走来，能够战胜一切强大敌人、一切艰难险阻，取得举世瞩目的伟大成就，靠的就是一代又一代共产党人敢于担当、英勇斗争。今天，我们肩负使命任务的艰巨性、面对风险挑战的严峻性、进行伟大斗争形势的复杂性都是前所未有的。在前进道路上，我们要敢于斗争、善于斗争。要把握新的伟大斗争的历史特点，发扬斗争精神，增强斗争本领，凝聚起全党全国各族人民的意志和力量，全力战胜一切可以预见和难以预见的风险挑战。

在人类社会的漫漫历史长河中，虽然社会主义发展的历史不算长，但是社会主义的理论和实践，却深刻改变了亿万人民的命运，影响了人类历史发展的方向。中国共产党人用自己的实践、奋斗和精神，不断揭示着人类社会发展的必然趋势，不断展现着社会主义制度的优越性和共产主义的光明前景。中国特色社会主义取得了巨大成就，书写了科学社会主义历史上最恢宏的史诗。昨天的成功并不代表着今后能够永远成功，过去的辉煌并不意味着未来可以永远辉煌。因此，我们要增强历史自觉，坚定历史自信。历史发展有其规律，但人在其中不是完全消极被动的。要发挥历史的主动性和创造性，增强坚持和发展中国特色社会主义的系统性、预见性、创造性。

回望历史，中国特色社会主义引领着中国人民创造了一个又一个辉煌成就。展望未来，我们必须倍加珍惜、长期坚持这一制度，不断推动其完善和发展。我们要紧密团结在以习近平同志为核心的党中央周围，

① 习近平：《关于坚持和发展中国特色社会主义的几个问题》，《求是》2019 年第 7 期。

万众一心、砥砺前行，为实现中华民族伟大复兴的中国梦、为全面建成社会主义现代化强国而努力奋斗！

三、牢牢掌握意识形态工作的领导权、管理权、话语权

意识形态关乎旗帜、关乎道路、关乎国家政治安全。习近平总书记强调："意识形态工作是为国家立心、为民族立魂的工作。"[①] 因此，必须坚持马克思主义在意识形态领域的指导地位，大力加强马克思主义理论建设，塑造主流舆论新格局，建设具有强大凝聚力和引领力的社会主义意识形态。

（一）坚持马克思主义在意识形态领域的指导地位

马克思主义是我们立党立国、兴党兴国的根本指导思想，是坚持和加强党对宣传思想文化工作全面领导的本质要求。我们之所以要坚持马克思主义在意识形态领域中的指导地位，不仅仅是因为中国特色社会主义建设进程中，出现了文化污染、文化失衡、文化入侵的问题，还有以下两方面深层次原因。一方面，坚持马克思主义在意识形态领域指导地位的制度是中国特色社会主义制度体系的一项根本制度；另一方面，坚持马克思主义在意识形态领域指导地位的制度是坚持和加强党对宣传思想文化工作全面领导的本质要求，是发展社会主义先进文化的有力保障。历史和实践都告诉我们，中国共产党为什么能，中国特色社会主义为什么好，归根到底是马克思主义行，是中国化时代化的马克思主义

① 习近平：《高举中国特色社会主义伟大旗帜　为全面建设社会主义现代化国家而团结奋斗——在中国共产党第二十次全国代表大会上的报告》，《人民日报》2022 年 10 月 26 日。

行。拥有马克思主义科学理论指导是我们党坚定信仰信念、把握历史主动的根本所在。

坚持马克思主义在意识形态领域指导地位是历史的结论。近代以来，中国民主发展过程中，既出现了民主与专制、民主共和与君主立宪的斗争，也出现了英国式立宪和日本式立宪、无政府主义和民主主义的对立。不同的社会思潮在中国轮番上演，均以失败告终。中国共产党是由马克思主义孕育催生、用马克思主义武装锤炼出来的政党，从诞生的第一天起就把马克思主义郑重地写在自己的旗帜上。也正是因为选择了马克思主义，我们党才掌握了认识世界、改造世界的锐利思想武器，科学地认识时代、认识世界、认识中国，从而成为最先进的政治力量，在近代以后中国政治舞台上脱颖而出；正是因为毫不动摇地坚持和发展马克思主义，我们党与时代共前进、与人民共命运，才能够始终走在时代前列，历经百年风雨依然风华正茂。对马克思主义的坚定信仰，决定了我们党的性质和宗旨、目标和方向、政策和主张，也成为一代代共产党人的政治灵魂、精神支柱和最鲜明的身份标识。马克思主义的命运早已同中国共产党的命运、中国人民的命运、中华民族的命运紧紧连在一起。历史深刻表明，党的初心使命源于马克思主义科学理论的指引和召唤，党的团结统一首先在于指导思想上的团结和统一，党的先进性纯洁性基础在于思想理论上的先进和纯洁。因此，新的时代条件下，我们党将继续坚持马克思主义在意识形态领域指导地位的根本制度，因为这是关系党和国家事业长远发展、关系我国文化前进方向和发展道路的重大制度创新。

马克思主义是社会主义意识形态的旗帜和灵魂，如果背离或放弃马克思主义，就会迷失方向、失去灵魂。从我们国家文化建设的长期实践可以看出，对马克思主义指导地位坚持得好、把握得牢，就能形成文化繁荣兴盛的生动局面，推动党和人民事业发展；坚持得不好，发生动摇和偏差，就必然造成思想文化上的混乱，给党和人民事业带来损害。而现在，我们国家的文化领域正在发生广泛而深刻的变革，社会文化生态更加复杂，马克思主义、非马克思主义甚至反马克思主义的思想观点同时存在，先进的和落后的相互交织，积极的和消极的相互影响，民族的和外来的相互碰撞，坚持以马克思主义统领多样化文化发展的重要性日益突出，并且也只有这样，才能在复杂的社会文化生态中把握主流和支流、区分先进和落后、划清积极和消极，确保社会主义先进文化始终沿着正确方向繁荣发展。

党的十八大以来，以习近平同志为核心的党中央将意识形态工作作为党的一项极端重要的工作，就意识形态领域许多方向性、战略性问题作出部署，大力推进马克思主义中国化时代化，着力解决意识形态领域党的领导弱化问题，建设具有强大凝聚力和引领力的社会主义意识形态，使我国意识形态领域形势发生了全局性、根本性转变。

（二）加快构建中国特色哲学社会科学

习近平总书记指出："坚持以马克思主义为指导，是当代中国哲学社会科学区别于其他哲学社会科学的根本标志，必须旗帜鲜明加以坚持。"① 这一重要论断，从一个新的角度阐明了当代中国哲学社会科学必须坚持以马克思主义为指导。2022 年 4 月 25 日，习近平总书记在中国人民大学考察时进一步强调："哲学社会科学工作者要做到方向明、主义真、学问高、德行正，自觉以回答中国之问、世界之问、人民之问、时代之问为学术己任，以彰显中国之路、中国之治、中国之理为思想追求，在研究解决事关党和国家全局性、根本性、关键性的重大问题上拿出真本事、取得好成果。"

---

① 习近平：《在哲学社会科学工作座谈会上的讲话》，《人民日报》2016 年 5 月 19 日。

一个国家的发展水平，既取决于自然科学发展水平，也取决于哲学社会科学发展水平。一个没有发达的自然科学的国家不可能走在世界前列，一个没有繁荣的哲学社会科学的国家也不可能走在世界前列。翻开历史的篇章，我们不难发现，人类社会的每一次重大飞跃，人类文明的每一次重大发展，都离不开哲学社会科学的知识变革和思想先导。从西方历史看，古代希腊、古代罗马时期，产生了苏格拉底、柏拉图、亚里士多德、西塞罗等人的思想学说。文艺复兴时期，产生了但丁、薄伽丘、达·芬奇、拉斐尔、哥白尼、布鲁诺、伽利略、莎士比亚、托马斯·莫尔、康帕内拉等一批文化和思想大家。他们中很多人是文艺巨匠，但他们的作品也深刻反映了其对社会构建的思想认识。英国资产阶级革命、法国资产阶级革命、美国独立战争前后，产生了霍布斯、洛克、伏尔泰、孟德斯鸠、卢梭、狄德罗、爱尔维修、潘恩、杰弗逊、汉密尔顿等一大批资产阶级思想家，形成了反映新兴资产阶级政治诉求的思想和观点。马克思主义的诞生是人类思想史上的一个伟大事件，而马克思主义则批判吸收了康德、黑格尔、费尔巴哈等人的哲学思想，圣西门、傅立叶、欧文等人的空想社会主义思想，亚当·斯密、大卫·李嘉图等人的古典政治经济学思想。可以说，没有18、19世纪欧洲哲学社会科学的发展，就没有马克思主义的形成和发展。20世纪以来，社会矛盾不断激化，为缓和社会矛盾、修补制度弊端，西方各种各样的学说都在开药方，包括凯恩斯主义、新自由主义、新保守主义、民主社会主义、实用主义、存在主义、结构主义、后现代主义等，这些既是西方社会发展到一定阶段的产物，也对西方社会产生了深刻影响。

从我们中国来看，中华文明历史悠久，从先秦子学、两汉经学、魏晋玄学，到隋唐佛学、儒释道合流、宋明理学，经历了数个学术思想繁荣时期。在漫漫历史长河中，中华民族产生了儒、释、道、墨、名、法、阴阳、农、杂、兵等各家学说，涌现了老子、孔子、庄子、孟子、荀子、韩非子、董仲舒、王充、何晏、王弼、韩愈、周敦颐、程颢、程颐、朱熹、陆九渊、王守仁、李贽、黄宗羲、顾炎武、王夫之、康有为、梁启超、孙中山、鲁迅等一大批思想大家，留下了浩如烟海的文化遗产。总之，中国古代大量鸿篇巨制中包含着丰富的哲学社会科学内容、治国理政智慧，为古人认识世界、改造世界提供了重要依据，也为中华文明提供了重要内容，为人类文明作出了重大贡献。

但是当前我国哲学社会科学依然面临严峻形势，中国理论、中国话语在世界上的影响力还不够强。2016 年 5 月 17 日，习近平总书记在主持召开哲学社会科学工作座谈会上就曾指出：我们不仅要让世界知道“舌尖上的中国”，还要让世界知道“学术中的中国”、“理论中的中国”、“哲学社会科学中的中国”，让世界知道“发展中的中国”、“开放中的中国”、“为人类文明作贡献的中国”。[①] 加快构建中国特色哲学社会科学，要自觉把马克思主义中国化时代化最新成果贯穿研究阐释全过程，坚持以人民为中心的研究导向，自觉回答中国之问、世界之问、人民之问、时代之问，在研究解决事关党和国家全局性、根本性、关键性的重大问题上拿出真本事、取得好成果，把论文写在祖国大地上。要按照立足中国、借鉴国外，挖掘历史、把握当代，关怀人类、面向未来的思路，体现继承性、民族性，体现原创性、时代性，体现系统性、专业性，构建中国特色、中国风格、中国气派的学科体系、学术体系、话语体系。要加快构建中国特色哲学社会科学自主的知识体系，不断推进知识创新、理论创新、方法创新，使中国特色哲学社会科学真正屹立于世界学术之林。

---

① 习近平：《在哲学社会科学工作座谈会上的讲话》，《人民日报》2016 年 5 月 19 日。

（三）积极塑造主流舆论新格局

新闻舆论工作处在意识形态斗争前沿，是治国理政、定国安邦的大事。舆论导向正确，就能凝聚人心、汇聚力量，推动事业发展；舆论导向错误，就会动摇人心、瓦解斗志，危害党和人民事业。在新的时代条件下，党的新闻舆论工作的职责和使命是：高举旗帜、引领导向，围绕中心、服务大局，团结人民、鼓舞士气，成风化人、凝心聚力，澄清谬误、明辨是非，联接中外、沟通世界。必须旗帜鲜明地坚持党管媒体，提高新闻舆论传播力、引导力、影响力、公信力。

新闻舆论工作具有鲜明的意识形态属性，坚持正确的政治方向是做好新闻舆论工作的第一位要求。党性原则是新闻舆论工作的根本原则，党性原则不仅要讲，而且要大张旗鼓讲、理直气壮讲、坚持不懈讲，不能躲躲闪闪、扭扭捏捏。我们的新闻媒体是党和人民的媒体，是党和人民的喉舌，不是私人媒体，不是同仁办报，这与西方国家媒体有着本质区别。坚持正确的政治方向是做好新闻舆论工作的第一位要求。党性原则是新闻舆论工作的根本原则，要坚持正确的舆论导向，做到所有工作都有利于坚持中国共产党领导和我国社会主义制度，有利于推动改革发展，有利于增进全国各族人民团结，有利于维护社会和谐稳定。坚持党性原则最根本的是坚持党对新闻舆论工作的领导，必须自觉在思想上政治上行动上同党中央保持高度一致，正确处理党性和人民性的关系，把对党负责和对人民负责统一起来。新闻观是新闻舆论工作的灵魂，要牢牢坚持马克思主义新闻观，引导广大新闻舆论工作者做党的政策主张的传播者、时代风云的记录者、社会进步的推动者、公平正义的守望者。团结稳定鼓劲、正面宣传为主是新闻舆论工作必须遵循的重要方针，要牢牢坚持这一方针，把握好时度效，唱响主旋律，弘扬正能量，激发全党全社会团结奋进攻坚克难的强大力量。

新闻媒体是社会舆论的发射器和放大器，做大做强主流舆论阵地，对推进社会主义现代化事业的顺利发展具有重要意义。伴随着信息社会不断发展，新兴媒体影响越来越大，推动媒体融合发展、建设全媒体就成为我们面临的一项紧迫课题。当代中国，网信事业发展蹄疾步稳、生机勃勃。截至 2023 年 6 月，我国网民规模达 10.79 亿人，较 2022 年 12 月增长 1109 万人，人均每周上网时长为 29.1 个小时；互联网普及率达 76.4%。各类互联网应用持续发展，网约车、在线旅行预订、网络文学的用户规模快速增长，网络空间已经成为人们生产生活的新空间。在“无人不网”的“互联网 +”时代，更加需要探索正能量内容多元形式，矗立起正能量的风向标与新高地，让日新月异的互联网发展成为社会进步的“助推器”。

必须切实肩负起举旗帜聚民心、防风险保安全、强治理惠民生、增动能促发展、谋合作图共赢的使命任务，科学认识网络传播规律，提高用网治网水平，推动互联网这个最大变量变成事业发展的最大增量。要提高网络综合治理能力，形成党委领导、政府管理、企业履责、社会监督、网民自律等多主体参与，经济、法律、技术等多种手段相结合的综合治网格局，推动形成良好网络生态。依法加强网络空间治理，完善互联网管理的法律法规，坚持依法治网、依法办网、依法上网。坚持发展和治理相统一、网上和网下相融合，加强网络伦理、网络文明建设，培育积极健康、向上向善的网络文化，理直气壮唱响网上主旋律，旗帜鲜明抵制、批判网络上的各种错误思想和行为，以时代新风塑造和净化网络空间，共建网上美好家园。

总之，我们必须将意识形态工作的领导权、管理权、话语权牢牢掌握在手中，任何时候都不能有丝毫的松懈和旁落。只有这样，我们才能确保意识形态工作始终沿着正确的方向坚定前行，为全面建设社会主义现代化国家提供坚强有力的思想保证和精神支撑。这是一项长期而艰巨的任务，需要我们全体党员干部和人民群众共同努力，不断开创意识形态工作的新局面。

四、防范民族领域重大风险隐患，警惕宗教渗透

习近平总书记高度重视民族和宗教工作，先后就民族和宗教工作发表一系列重要讲话。在中央统战工作会议上，习近平总书记指出："我国宪法法律保障公民信仰宗教的权利，但必须警惕宗教渗透的危险，警惕带有政治意图的宗教诉求。要全面贯彻党的宗教信仰自由政策，依法管理宗教事务，坚持独立自主自办原则，积极引导宗教与社会主义社会相适应。"① 在中央民族工作会议上，习近平总书记站在新时代党和国家事业发展全局高度，着眼民族复兴历史伟业，以深沉的忧患意识，高远的战略视野，就防范民族领域重大风险隐患提出了明确要求："要准确把握和全面贯彻我们党关于加强和改进民族工作的重要思想，以铸牢中华民族共同体意识为主线，坚定不移走中国特色解决民族问题的正确道路，构筑中华民族共有精神家园，促进各民族交往交流交融，推动民族地区加快现代化建设步伐，提升民族事务治理法治化水平，防范化解民族领域风险隐患，推动新时代党的民族工作高质量发展，动员全党全国各族人民为实现全面建成社会主义现代化强国的第二个百年奋斗目标而团结奋斗。"② 习近平总书记的一系列重要论述，为做好民族和宗教工作、防范民族和宗教领域重大风险隐患提供了根本遵循。

---

① 《习近平关于社会主义政治建设论述摘编》，中央文献出版社 2017 年版，第 163 页。
② 《习近平谈治国理政》第 4 卷，外文出版社 2022 年版，第 243 页。

（一）民族领域和宗教领域面临着前所未有的风险隐患

在全球化的大背景下，随着不同文化的交流与碰撞日益频繁，民族和宗教领域的风险隐患日渐严重，涉民族因素、宗教因素的意识形态问题愈加复杂，民族分裂、宗教极端思想流毒等问题时有发生，给我国的统一和稳定带来了不小的挑战。面对这样的情况，我们必须始终保持高度警惕，坚决防范民族领域重大风险隐患，守住意识形态阵地，积极稳妥处理涉民族因素的意识形态问题，持续肃清民族分裂、宗教极端思想流毒，维护国家团结和社会稳定的大局。

全球化加速了文化的传播与交融，使得各种文化在相互碰撞中产生了摩擦与冲突。全球化如同一把双刃剑，既促进了各国之间的经济、科技、文化交流，也带来了文化冲突、民族矛盾、宗教纷争等一系列问题。民族领域的风险隐患主要表现在文化认同感的消解上。随着外来文化的不断涌入，一些民族的传统文化和价值观受到冲击，导致民族成员对本民族文化的认同感逐渐减弱。这种文化认同感的消解不仅可能引发民族内部的矛盾，还可能加剧民族之间的冲突。

全球化背景下的宗教领域也面临着诸多风险隐患。一方面，不同宗教之间的交流与碰撞容易导致信仰冲突。随着全球化的推进，各种宗教的信仰体系、教义教规、仪式习俗等逐渐为人们所熟知，但不同宗教之间的差异也愈发明显。这种差异容易引发信徒之间的误解与矛盾，甚至导致宗教冲突。另一方面，全球化背景下的宗教极端主义也是一大隐患。一些宗教极端组织利用全球化带来的信息传播便利，宣扬极端思想，煽动宗教仇恨，给社会稳定和宗教和谐带来了严重威胁。

当前，我国民族地区发展迈上新台阶，但发展不平衡不充分问题仍然相对突出；各民族人口大流动大融居趋势不断增强，但影响各民族交往交流交融的因素仍然复杂多样；中华民族共同体思想基础不断巩固，但民族领域意识形态斗争仍然尖锐复杂；反分裂斗争取得重大阶段性成果，但美国等西方国家利用所谓“民族问题”对我国遏制打压变本加厉，实现边疆长治久安任务仍然十分艰巨。在全面建设社会主义现代化国家新征程上，做好新时代党的民族工作，必须坚定不移贯彻总体国家安全观，更好维护国家主权、安全、发展利益。

总之，我们需要采取一系列措施来应对这些风险隐患，加强文化教育、促进宗教对话与交流、打击宗教极端主义等，以维护社会稳定和宗教和谐。只有这样，我们才能在全球化的大潮中保持本民族文化的独特魅力，实现不同文化之间的和谐共生。

（二）筑牢坚不可摧的民族团结生命线

民族团结是我国各族人民的生命线，中华民族共同体意识是民族团结之本。2023 年 10 月 27 日，习近平总书记在主持二十届中央政治局第九次集体学习时强调：“铸牢中华民族共同体意识、推进新时代党的民族工作高质量发展，是全党全国各族人民的共同任务。”①

中华民族和各民族的关系，是一个大家庭和家庭成员的关系，各民族的关系是一个大家庭里不同成员的关系。中国是全国各族人民共同缔造的统一的多民族国家，中华民族共同体的形成是中华民族历史发展的必然结果。中华民族处于最孱弱的时期也没有分崩离析，靠的就是国土不可分、民族不可散、文明不可断的理念。事实充分说明，对中华民族形成起决定性作用的是对中华民族共同体的认同，而不是种族、血缘、地域、宗教等因素。只有铸牢中华民族共同体意识，才能构建起维护国家统一和民族团结的坚固思想长城，推动各民族共同

---

① 《铸牢中华民族共同体意识　推进新时代党的民族工作高质量发展》，《人民日报》2023 年 10 月 29 日。

维护好国家安全和社会稳定；才能增进各民族对中华民族的自觉认同，夯实我国民族关系发展的思想基础，推动中华民族成为认同度更高、凝聚力更强的命运共同体；才能有效应对实现中华民族伟大复兴过程中民族领域可能发生的风险挑战，为党和国家兴旺发达、长治久安提供重要思想保证。

引导各族人民牢固树立休戚与共、荣辱与共、生死与共、命运与共的共同体理念。要正确把握共同性和差异性的关系、中华民族共同体意识和各民族意识的关系、中华文化和各民族文化的关系、物质和精神的关系，建设各民族共有精神家园，促进各民族共同繁荣共同发展。在全社会搞好民族团结宣传教育，引导各族群众牢固树立正确的祖国观、民族观、文化观、历史观，增进各族群众对伟大祖国、中华民族、中华文化、中国共产党、中国特色社会主义的认同。加强现代文明教育，推广普及国家通用语言文字，科学保护各民族语言文字，尊重和保障少数民族语言文字学习和使用，增强各族群众法律意识，坚决反对大民族主义，反对大汉族主义和地方民族主义，自觉维护国家最高利益和民族团结大局。完善差别化区域支持政策，支持民族地区提升自我发展能力，推动各民族共同走向社会主义现代化。促进各民族交往交流交融，提升民族事务治理体系和治理能力现代化水平。坚持绵绵用力、久久为功，把铸牢中华民族共同体意识、加强中华民族共同体建设作为战略性、基础性、长远性工作来做，促进各民族在中华民族大家庭中像石榴籽一样紧紧抱在一起，共同建设伟大祖国，共同创造美好生活。

（三）构建积极健康的宗教关系

宗教工作在党和国家工作全局中具有特殊重要性。习近平总书记指出，宗教工作“关系中国特色社会主义事业发展，关系党的执政基础巩固，关系民族团结和社会安定，关系国家安全和祖国统一”①。

必须坚决贯彻落实新时代党的宗教工作理论和方针政策，坚持我国宗教中国化方向，积极引导宗教与社会主义社会相适应，构建积极健康的宗教关系，支持宗教团体加强自身建设，提高宗教工作法治化水平，引导宗教努力为促进经济发展、社会和谐、文化繁荣、民族团结、祖国统一服务。宗教工作本质上是群众工作。群众既有信仰宗教的自由，也有不信仰宗教的自由。要依法保障信教群众正常宗教需求，尊重信教群众的习俗，稳步拓宽信教群众正确掌握宗教常识的合法渠道。坚决抵御境外利用宗教进行渗透，自觉抵制非法宗教活动，防范宗教极端思想侵害。广泛宣传新时代党的宗教工作理论和方针政策，宣传宗教相关法律法规，加强宗教方面宣传舆论引导。通过广泛的宣传教育，让人民群众了解宗教极端思想的危害，自觉抵制其侵蚀和渗透。要通过举办各种形式的文化交流活动，促进不同民族之间的相互了解和尊重，增强民族之间的团结和友谊。

此外，还要提高公众对宗教极端思想的辨识能力。宗教极端思想，是指那些过度解读宗教教义，将宗教观念绝对化、极端化，并试图通过强制、暴力等手段推行其主张的思想。这种思想严重违背了宗教的多元性和包容性，排斥其他信仰和文化，甚至煽动仇恨和暴力，对社会的和谐稳定构成了严重威胁。要在宗教教育中注重培养信众的宗教素养，引导他们正确理解和对待宗教教义，避免过度解读和歪曲。同时，也要加强对非信众的宗教知识普及，让他们了解不同宗教的基本教义和价值观，加深对宗教多元性的认识。媒体也要加强对宗教极端思想的批判和揭露，避免过度渲染宗教话题，防止误导公众。社交平台要切实履行监管责任，加强对极端言论的打击和清理，维护网络空间的清朗和秩序。要加强对宗教极端思想的法律制裁，制定和完善相关法律法规，对宗教极端思想

① 《习近平著作选读》第2卷，人民出版社2023年版，第565页。

进行严厉打击和制裁。另外，要加强司法审判和公开，让公众了解宗教极端思想的危害和后果，形成全社会共同抵制宗教极端思想的强大合力。

总之，防范民族领域重大风险隐患、警惕宗教极端思想渗透，是维护国家安全和民族团结的必然要求。我们必须以高度的政治责任感和使命感，采取切实有效的措施，筑牢坚不可摧的民族团结生命线，确保国家的长治久安和民族的团结和谐。

五、坚持“一国两制”，坚持一个中国原则和“九二共识”

实现祖国完全统一，是全体中华儿女魂牵梦绕的强烈渴望，是中国共产党矢志不渝的历史任务。习近平总书记指出：“我们要扎实推进‘一国两制’实践和祖国统一大业。推进强国建设，离不开香港、澳门长期繁荣稳定……要贯彻新时代党解决台湾问题的总体方略，坚持一个中国原则和‘九二共识’，积极促进两岸关系和平发展，坚决反对外部势力干涉和‘台独’分裂活动，坚定不移推进祖国统一进程。”①

（一）“一国两制”是中国特色社会主义的伟大创举

“一国两制”是中国特色社会主义制度创新的重要成果。我们的社会主义制度是有中国特色的社会主义制度，这个特色很重要的一个内容就是对香港、澳门、台湾问题的处理，就是“一国两制”。作为一项基本国策，“一国两制”是指在统一的国家之内，国家主体实行社会主义制度，个别地区依法实行资本主义制度。这一制度以宪法和基本法为基

---

① 习近平：《在第十四届全国人民代表大会第一次会议上的讲话》，《人民日报》2023 年 3 月 14 日。

础，保持香港、澳门原有的资本主义制度和生活方式不变，法律基本不变；作为直辖于中央人民政府的香港、澳门特别行政区，享有高度自治权，包括行政管理权、立法权、独立的司法权和终审权。“一国两制”立足中国国情，顺应时代潮流，观照人民福祉，把原则性和灵活性、现实性和长远性、一致性和差异性统一起来，凝结了中国共产党人为解决国家统一问题展现出的超凡勇气和卓越智慧，是前无古人的伟大创举。

“一国两制”是中国共产党领导人民实现祖国和平统一的伟大构想。维护国家主权和领土完整，绝不容忍国家分裂的历史悲剧重演，是中国共产党对历史和人民的庄严承诺。“一国两制”伟大构想，最早是针对台湾问题提出来的，首先运用于解决香港和澳门问题。这一构想获得了有关各方的一致认可，实现了港澳平稳过渡、和平回归，洗刷了民族百年耻辱，完成了实现祖国完全统一的重要一步。“一国两制”伟大构想，推动了两岸和平发展，有力维护了台海和平稳定，扎实推进了祖国统一进程。“一国两制”伟大构想体现了中国共产党的政治智慧和开拓创新的勇气，体现了中华民族追求统一、反对分裂、爱好和平的精神特质和中国特色社会主义制度的先进性质。

“一国两制”为国际社会解决类似问题提供了新思路新方案。“一国两制”包含了中华文化中的和合理念，体现了尊重差异、求同存异的思维方式，是中华民族为世界和平与发展作出的新贡献。在牢牢守护“一国”原则的前提下，国家主体实行社会主义制度，香港、澳门保持原有的资本主义制度长期不变，坚守“一国”之本，善用“两制”之利，既能把实行社会主义制度的内地建设好，也能把实行资本主义制度的香港、澳门建设好。“一国两制”是中国共产党和中国政府为国际社会解决类似问题提供的中国思路、中国方案，是解决类似历史遗留问题、促进世界和平与发展的好制度，是对人类政治文明作出的一大贡献。

随着中国特色社会主义进入新时代，“一国两制”事业也进入了新时代。保持香港、澳门繁荣稳定，面临着难得的历史机遇，在助力国家全面开放、融入国家发展大局、参与国家治理实践等方面具备许多有利条件。同时也要看到，作为一项前无古人的开创性事业，“一国两制”需要在实践中不断探索前进，不可避免地会遇到一些新情况新问题。解决这些问题，归根到底是要坚守方向、踩实步伐，全面准确理解和贯彻“一国两制”方针。“一国两制”是一个完整的概念：“一国”是实行“两制”的前提和基础，“两制”从属和派生于“一国”，并统一于“一国”之内。“一国”是根，根深才能叶茂；“一国”是本，本固才能枝荣。国家主体坚持实行社会主义制度，是香港、澳门实行资本主义制度、保持繁荣稳定的前提和保障；香港、澳门依照基本法实行“港人治港”、“澳人治澳”、高度自治，必须充分尊重国家主体实行的社会主义制度。必须把坚持“一国”原则和尊重“两制”差异有机结合起来，做到坚守“一国”之本，实现“两制”和谐相处，确保“一国两制”方针不会变、不动摇，确保“一国两制”实践不变形、不走样。

（二）牢牢坚持一个中国原则和“九二共识”

坚持一个中国原则和“九二共识”，是维护两岸关系和平稳定的重要基石。这一原则不仅符合两岸同胞的共同利益和期待，也顺应了国际社会的普遍认知和期待，必须牢牢坚持。

台湾自古属于中国的历史经纬清晰、法理事实清楚。中国共产党始终把解决台湾问题、实现祖国完全统一作为矢志不渝的历史任务，推动台海形势从紧张对峙走向缓和改善，进而走上和平发展道路，两岸关系不断取得突破性进展。第二次世界大战之后，台湾在法律上和事实上都已归还中国。由于中国内战延续和外部势力干涉，海峡两岸陷入长期政治对立的特殊状态，但中国的主权和领土从未分割也决不允许分割，台湾是中国领土的一部分的地位从未改变也决不允许改变。新中国成立之后，我们党坚决挫败了各种制造“两个中国”“一中一台”的图谋，并为寻求和平解决台湾问题而努力。改革开放以后，顺应国内国际形势发展变化，中央确立了争取祖国和平统一的大政方针，创造性提出“一国两制”的科学构想。1987 年，海峡两岸隔绝状态被打破。1992 年，两岸双方达成体现一个中国原则的“九二共识”。

“九二共识”的历史性意义在于奠定了两岸关系发展的政治基础。实践证明，什么时候坚持“九二共识”，两岸对话协商就能顺利开展，两岸关系就能行稳致远；什么时候否认“九二共识”，两岸商谈就难以为继，两岸关系就会陷入紧张动荡，台湾同胞的切身利益就会受到损害。扩大交流，深化合作，符合两岸同胞共同利益，对两岸都有利。我们完全理解台湾同胞，充分尊重台湾地区现有的社会制度和生活方式。同样，大陆同胞历经长期努力、不懈奋斗，走上了中国特色社会主义道路，取得了举世瞩目的巨大成就，也值得台湾同胞尊重。两岸同胞要增进理解认同，实现心灵契合。正是在坚持一个中国原则和“九二共识”基础上，两岸制度化协商谈判取得丰硕成果，实现两岸全面直接双向“三通”，签署实施《海峡两岸经济合作框架协议》，两岸关系面貌发生深刻变化。两岸政党党际交流不断推进，就两岸关系与民族未来开展对话协商，践行“两岸一家亲”理念，以两岸同胞福祉为依归，推动两岸关系和平发展、融合发展，完善促进两岸交流合作、保障台湾同胞福祉的制度安排和政策措施，实行卡式台胞证，实现福建向金门供水，制发台湾居民居住证，逐步为台湾同胞在大陆学习、创业、就业、生活提供同等待遇，持续率先同台湾同胞分享大陆发展机遇。

两岸同胞血脉相连，是血浓于水的一家人。我们坚持一个中国原则和“九二共识”，在此基础上推进同台湾各党派、各界别、各阶层人士就两岸关系和国家统一开展广泛深入协商，共同推动两岸关系和平发展、推进祖国和平统一进程。坚持团结广大台湾同胞，探索“两制”

台湾方案，丰富和平统一实践。坚定支持岛内爱国统一力量，共同把握历史大势，坚守民族大义，坚定反“独”促统。

（三）推进祖国完全统一

解决台湾问题、实现祖国完全统一，是党矢志不渝的历史任务，是全体中华儿女的共同愿望，是实现中华民族伟大复兴的必然要求。2023年3月，习近平总书记在第十四届全国人民代表大会第一次会议上的讲话中指出：“实现祖国完全统一是全体中华儿女的共同愿望，是民族复兴的题中之义。”党的十八大以来，以习近平同志为核心的党中央积极推进对台工作理论和实践创新，形成新时代党解决台湾问题的总体方略，牢牢把握两岸关系主导权和主动权，扎实推进祖国统一进程。

中华文明具有突出的统一性，国家统一永远是中国核心利益的核心。台湾问题因民族弱乱而产生，必将随着民族复兴而解决。《中华人民共和国反分裂国家法》明确指出：世界上只有一个中国，大陆和台湾同属一个中国，中国的主权和领土完整不容分割。完成统一祖国的大业是包括台湾同胞在内的全中国人民的神圣职责。今天我们比历史上任何时期都更接近、更有信心和能力实现祖国完全统一的目标。2022年8月10日，国务院台湾事务办公室、国务院新闻办公室发表《台湾问题与新时代中国统一事业》白皮书，进一步重申台湾是中国的一部分的事实和现状，展现中国共产党和中国人民追求祖国统一的坚定意志和坚强决心，阐述中国共产党和中国政府在新时代推进实现祖国统一的立场和政策。

台湾前途在于国家统一，台湾同胞福祉系于民族复兴。两岸关系和平发展是维护两岸和平、促进两岸共同发展、造福两岸同胞的正确道路。据海关总署统计，2011年两岸贸易额为1600.3亿美元，2021年增至3283.4亿美元，10年间翻了一番。两岸贸易额占大陆外贸比重2011

年为 4.4%，2021 年增至 5.4%。2022 年 1—11 月，两岸贸易总额 2943.9 亿美元，与 2021 年同期基本持平。两岸关系和平发展要两岸同胞共同推动，靠两岸同胞共同维护，由两岸同胞共同分享。中国梦是两岸同胞共同的梦，民族复兴、国家强盛，两岸中国人才能过上富足美好的生活。坚守“一国两制”的崇高原则，我们肩负着捍卫国家统一与完整的神圣使命。这一原则不仅是政治上的坚定立场，更是对民族大义和历史责任的深刻担当。我们深知，台湾自古以来就是中国不可分割的一部分，两岸同胞血脉相连、命运与共。因此，我们尊重台湾同胞的意愿和利益，致力于推动两岸关系的和平发展，实现共同繁荣与进步。

然而，我们也要清醒地看到，当前台海局势依然复杂严峻，台湾问题面临着前所未有的挑战。一个时期以来，台湾民进党当局坚持“台独”错误立场，拒不承认一个中国原则和“九二共识”，甘为外部势力遏华棋子，不断进行谋“独”挑衅。当前，美国一些势力图谋“以台制华”，处心积虑打“台湾牌”，刺激“台独”分裂势力冒险挑衅，不仅严重危害台海和平稳定，妨碍中国政府争取和平统一的努力，也严重影响中美关系健康稳定发展。一些“台独”分裂势力与外部干涉势力勾结，企图破坏国家统一和领土完整，这是绝对不能容忍的。我们有坚定的决心和能力捍卫国家的核心利益，坚决反对任何形式的“台独”分裂活动。我们愿意通过和平的方式解决台湾问题，但我们也绝不承诺放弃使用武力。任何企图分裂国家的行为，都将受到法律的严惩和人民的谴责。

我们将继续坚持“一国两制”，坚持一个中国原则和“九二共识”，维护包括台湾同胞在内的中华民族整体利益，坚决反对“台独”分裂、促进祖国完全统一。我们愿意为和平统一创造广阔空间，但绝不为各种形式的“台独”分裂活动留下任何空间。中国人的事要由中国人来决定。台湾问题是中国的内政，事关中国核心利益和中国人民民族感情，不容任何外来干涉。任何利用台湾问题干涉中国内政、阻挠中国统一进程的图谋和行径，都将遭到包括台湾同胞在内的全体中国人民的坚决反对。历史潮流浩浩荡荡，祖国统一势不可当。展望未来，我们坚信，在两岸同胞的共同努力下，我们一定能够迎来两岸关系和平发展的美好明天。我们将携手共进，共同创造更加繁荣、更加和谐、更加美好的未来！

六、坚持党对军队的绝对领导

人民军队为党和人民建立了不朽功勋，是保卫红色江山、维护民族尊严的坚强柱石，也是维护地区和世界和平的强大力量。我军始终是党绝对领导下的人民军队。习近平总书记指出："必须毫不动摇坚持党对军队的绝对领导。保证党对军队的绝对领导，关系我军性质和宗旨、关系社会主义前途命运、关系党和国家长治久安，是我军的立军之本和建军之魂。"①

（一）血与火的斗争中得出的颠扑不破的真理

习近平总书记在庆祝中国共产党成立 100 周年大会上强调指出："坚持党指挥枪、建设自己的人民军队，是党在血与火的斗争中得出的颠扑不破的真理。"②

人民军队是党缔造的，一诞生便与党紧紧地联系在一起，始终在党的领导下行动和战斗。一支武器装备远远落后于敌人的部队为什么能够

---

① 《习近平关于总体国家安全观论述摘编》，中央文献出版社 2018 年版，第 51 页。

② 习近平：《在庆祝中国共产党成立 100 周年大会上的讲话》，《人民日报》2021 年 7 月 2 日。

所向披靡、战无不胜？秘诀就是党的绝对领导。党的绝对领导，造就了人民军队对党的赤胆忠心，造就了人民军队和人民的鱼水情意，造就了人民军队为党和人民冲锋陷阵的坚定意志，演出了一幕幕威武雄壮的战争活剧，创造了一个个惊天地、泣鬼神的英雄壮举，使我们党的政治优势转化成了军事上的胜势。新的时代条件下，坚定不移听党话、跟党走，是人民军队战胜一切强敌、克服一切困难、抵住一切诱惑，永葆人民军队性质、宗旨、本色的根本保证。

我军取得的一切成就和进步，最根本的就是靠党的坚强领导。毛泽东曾深刻指出，“红军所以艰难奋战而不溃散，‘支部建在连上’是一个重要原因”[①]。陈云也曾说过：“在别的军队里头，一个连长、团长、师长反水，就可以把队伍带走，可是我们的军队不是这样。某个什么长反水，下面的战士可以把他杀了，不跟他去……这是什么力量呢？这是党的力量。”[②] 新中国成立 70 多年来，面对国内外敌对势力的围攻遏制、干扰破坏，社会主义中国之所以能够站稳脚跟，巍然屹立在世界东方，一个重要原因就在于有一支坚决执行党的政治任务、对党和人民忠贞不渝的人民军队。实践证明，听党指挥是人民军队建设的首要，是人民军队的命脉所在。无论时代如何发展、形势如何变化，坚持党对人民军队的绝对领导始终是我军的军魂和命根子，永远不能变，永远不能丢。

党的十八大以来，针对过去一个时期人民军队党的领导弱化问题突出，习近平总书记对新时代政治建军作出部署，就强化党对人民军队绝对领导作出一系列战略部署，推进一系列整肃治理，进行一系列改革创新，引领人民军队重整行装再出发。习近平强军思想在国防和军队建设

---

① 《毛泽东选集》第 1 卷，人民出版社 1991 年版，第 65—66 页。

② 《陈云文选》第 1 卷，人民出版社 1995 年版，第 293—294 页。

中的指导地位牢固确立，人民军队全面深入贯彻军委主席负责制，党对人民军队的政治领导、思想领导全面加强；进行全方位政治整训，坚定不移开展反腐败斗争，坚决查处郭伯雄、徐才厚、房峰辉、张阳等严重违纪违法案件并彻底肃清其流毒影响；重塑领导指挥体制，形成军委管总、战区主战、军种主建新格局，健全党领导人民军队的制度体系；建强各级党组织和干部队伍，培养有灵魂、有本事、有血性、有品德的新时代革命军人，锻造具有铁一般信仰、铁一般信念、铁一般纪律、铁一般担当的过硬部队。通过重振政治纲纪，弱化党对人民军队绝对领导的状况彻底扭转，人民军队政治生态根本好转，政治面貌发生革命性变化，形成了忠诚统帅、向心凝聚、奋斗强军的政治局面。

回顾党百年奋斗的伟大历程，坚持党指挥枪、建设自己的人民军队，是党在血与火的斗争中得出的重大结论，是颠扑不破的真理。坚持党对人民军队的绝对领导，朝着党指引的方向奋勇前进，人民军队就能不断发展壮大，党和人民事业就有了坚强力量支撑。无论时代如何发展、形势如何变化，坚持党对人民军队绝对领导始终是我军永远不能变的军魂、永远不能丢的命根子，人民军队任何时候任何情况下都必须以党的旗帜为旗帜、以党的方向为方向、以党的意志为意志。

（二）为实现强军目标、建设世界一流军队提供了根本保证

当今世界百年未有之大变局加速演进，我国正处于实现中华民族伟大复兴关键时期，我们党正带领人民进行具有许多新的历史特点的伟大斗争。站在新的历史起点上，我们更加深切地感受到，中华民族走出苦难、中国人民实现解放，有赖于一支英雄的人民军队；中华民族实现伟大复兴，中国人民实现更加美好生活，必须加快把人民军队建设成为世界一流军队。习近平总书记深刻指出："在全面建设社会主义现代化国家、实现第二个百年奋斗目标的历史进程中，必须把国防和军队建设摆

在更加重要的位置，加快建设巩固国防和强大军队。”① 前进道路上，只要我们与时俱进加强国防和军队建设，向着党在新时代的强军目标阔步前行，就一定能够为实现中华民族伟大复兴提供更为坚强的战略支撑。

如期实现建军一百年奋斗目标，加快把人民军队建成世界一流军队，是全面建设社会主义现代化国家的战略要求。必须贯彻新时代党的强军思想，贯彻新时代军事战略方针，坚持党对人民军队的绝对领导，坚持政治建军、改革强军、科技强军、人才强军、依法治军，坚持边斗争、边备战、边建设，坚持机械化、信息化、智能化融合发展，加快军事理论现代化、军队组织形态现代化、军事人员现代化、武器装备现代化，提高捍卫国家主权、安全、发展利益战略能力，有效履行新时代人民军队使命任务。

人民军队正沿着中国特色强军之路，朝着全面建成世界一流军队进发，需要牢牢坚持党对人民军队的绝对领导。坚持以习近平新时代中国特色社会主义思想为指导，深入学习贯彻习近平强军思想，贯彻军委主席负责制，坚决做到听习主席指挥、对习主席负责、让习主席放心。加强全军理论武装工作，深化党史学习教育，在党的旗帜下铸牢军魂。加强军队党的政治建设，提高各级党委和领导干部的政治判断力、政治领悟力、政治执行力，锻造听党话跟党走、能打仗打胜仗、法纪严风气正的过硬基层。深入贯彻古田全军政治工作会议精神，深化全面从严治党、全面从严治军，推进政治整训常态化制度化，纯净部队政治生态。打好意识形态斗争主动仗，加强高级干部忠诚度鉴别和政治考察，确保枪杆子始终掌握在忠于党的可靠的人手中。全面提高备战打仗能力，忠

① 《坚定决心意志　埋头苦干实干　确保如期实现建军一百年奋斗目标》，《人民日报》2021年8月1日。

实履行党和人民赋予的使命任务，以更强大的能力、更可靠的手段捍卫国家主权、安全、发展利益！

（三）坚持党对军队绝对领导的根本原则和制度

坚持党对人民军队的绝对领导必须有一整套制度作保证。我们党对人民军队绝对领导的根本原则和制度，发端于南昌起义，奠基于三湾改编，定型于古田会议，丰富发展于党领导人民军队在革命、建设、改革各个历史时期的伟大实践。

这一根本原则的基本内容包括：党对人民军队绝对领导是独立的、直接的、全面的领导；人民军队必须坚持党的领导的唯一性、彻底性、无条件性，完全地无条件地置于党的领导之下。这一制度体系主要包括：人民军队最高领导权和指挥权属于党中央和中央军委，中央军委实行主席负责制；实行党委制、政治委员制、政治机关制；实行党委（支部）统一的集体领导下的首长分工负责制；实行支部建在连上。这一根本原则和制度体系，创造了无产阶级政党创建和治理军队的新范式，开创了军事制度文明的“中国模式”，是马克思主义军事理论发展史和人类军事史上的伟大创举。

军委主席负责制是坚持党对人民军队绝对领导的根本制度和根本实现形式，在党领导军队的一整套制度体系中处于最高层次、居于统领地位。中央军委实行主席负责制，就是中央军委主席负责中央军委全面工作、领导指挥全国武装力量、决定国防和军队建设一切重大问题。这一制度集中反映了我们党建军治军的先进理念、基因传承和制度结晶，保证了党牢牢掌控军队最高领导权和指挥权，是党和国家军事领导制度长期发展的重大成果。全面深入贯彻军委主席负责制，是严肃而重大的政治责任。必须深刻领悟“两个确立”的决定性意义，增强“四个意识”、坚定“四个自信”、做到“两个维护”，不折不扣执行党中央、中央军委的决策部署，以勇于担当作为、忠实履职尽责的实际行动，以更高标准、更严要求把军委主席负责制落到实处。

新征程上，坚持党对人民军队绝对领导的根本原则和制度，必须把军队各级党组织建设得更加坚强有力，着力增强军队各级党组织的领导力、组织力、执行力。坚持军队好干部标准，切实按照对党忠诚、善谋打仗、敢于担当、实绩突出、清正廉洁的标准选人用人，坚持德才兼备、以德为先，坚持五湖四海、任人唯贤。着力抓好领导干部这个关键少数，要求各级领导干部特别是高级干部必须强化政治责任和使命担当，引导广大官兵在维护党中央权威、维护习主席核心地位、维护和贯彻军委主席负责制上，做到旗帜更加鲜明、行动更加自觉。

第二章

守住我国经济可持续发展的底线

党的十九届六中全会通过的《中共中央关于党的百年奋斗重大成就和历史经验的决议》（以下简称《决议》）指出：“党的十八大以来，党不断推动全面深化改革向广度和深度进军，中国特色社会主义制度更加成熟更加定型，国家治理体系和治理能力现代化水平不断提高，党和国家事业焕发出新的生机活力。”更加成熟更加定型的中国特色社会主义制度中，公有制为主体、多种所有制经济共同发展，按劳分配为主体、多种分配方式并存，社会主义市场经济体制等社会主义基本经济制度是其中的重要内容，必须毫不动摇地予以坚持和完善。这充分说明，毫不动摇地坚持和完善社会主义基本经济制度是我国经济制度的最根本底线，不能动摇。

一、毫不动摇巩固和发展公有制经济，毫不动摇鼓励、支持、引导非公有制经济发展

党的二十大报告指出："坚持和完善社会主义基本经济制度，毫不动摇巩固和发展公有制经济，毫不动摇鼓励、支持、引导非公有制经济发展，充分发挥市场在资源配置中的决定性作用，更好发挥政府作用。""两个毫不动摇"是新时代坚持和发展中国特色社会主义的基本方略。新时代新征程必须坚持"两个毫不动摇"，发挥公有制经济和非公有制经济共同发展的协同优势，集聚一切有益力量推动经济社会的发展。

（一）"两个毫不动摇"是党和国家的一项大政方针

公有制为主体、多种所有制经济共同发展，按劳分配为主体、多种分配方式并存，社会主义市场经济体制等社会主义基本经济制度，是中国特色社会主义制度的重要支柱。改革开放以来，我国逐步建立和不断完善社会主义市场经济体制，市场体系不断完善，各类经营主体蓬勃发展。

早在 1997 年，党的十五大就把"公有制为主体、多种所有制经济共同发展"确立为我国的基本经济制度，明确提出"非公有制经济是我国社会主义市场经济的重要组成部分"。党的十六大提出："必须毫不动摇地巩固和发展公有制经济"，"必须毫不动摇地鼓励、支持和引导非公有制经济发展"。党的十七大提出："坚持平等保护物权，形成各种所有制经济平等竞争、相互促进新格局。"党的十八大进一步提出："毫不动摇鼓励、支持、引导非公有制经济发展，保证各种所有制

经济依法平等使用生产要素、公平参与市场竞争、同等受到法律保护。”党的十九大把“两个毫不动摇”写入新时代坚持和发展中国特色社会主义的基本方略，作为党和国家一项大政方针进一步确定下来。党的十九届四中全会对社会主义基本经济制度进行了新概括，将公有制为主体、多种所有制经济共同发展，按劳分配为主体、多种分配方式并存，社会主义市场经济体制等作为社会主义基本经济制度。党的二十大提出“坚持和完善社会主义基本经济制度，毫不动摇巩固和发展公有制经济，毫不动摇鼓励、支持、引导非公有制经济发展”。可以看出，我们党在坚持基本经济制度上的观点是明确的、一贯的，而且是不断深化的，从来没有动摇。同时，我国基本经济制度写入了宪法、党章，不会变也不能变。

（二）毫不动摇巩固和发展公有制经济，深化国资国企改革

1. 深刻认识深化国资国企改革的重要意义

党的二十大报告提出“深化国资国企改革，加快国有经济布局优化和结构调整，推动国有资本和国有企业做强做优做大，提升企业核心竞争力”。2023 年底召开的中央经济工作会议进一步指出：“深入实施国有企业改革深化提升行动，增强核心功能、提高核心竞争力。”国有企业是中国特色社会主义的重要物质基础和政治基础，是我们党执政兴国的重要支柱和依靠力量。在主动构建全新的产业体系、带动关联产业和企业发展、提升国家经济实力和国家形象方面发挥了重要作用。深化改革是搞好国有企业的关键一招。2023 年 6 月印发的《国有企业改革深化提升行动方案（2023—2025 年）》，强调提高国有企业核心竞争力和增强核心功能，积极服务国家重大战略，切实发挥国有企业在建设现代化产业体系、构建新发展格局中的科技创新、产业控制、安全支撑作用。新一轮国企改革深化提升行动更加突出国有企业核心功能提升，强

调国有企业作为中国特色社会主义经济的顶梁柱，是党和国家最可信赖的依靠力量，肩负融通带动产业链发展、保障产业安全、打造现代产业体系的重要责任。

2. 深化国资国企改革面临的机遇和挑战

进入新发展阶段，国有企业在国际环境变化、技术变革等方面面临新的机遇和挑战。国有企业大多分布在关系国家安全、国民经济命脉的重要行业和关键领域，是实现国家战略意图、应对外部环境变化和重大风险挑战的主力军。[①] 但是，当今世界正处于百年未有之大变局，正在经历大调整、大分化、大重组，不确定、不稳定、不可预见因素增多，给国有企业的发展带来一定挑战。与此同时，以智能化生产为代表的新技术的广泛应用大幅提高了社会生产力，新的产业不断涌现，既有的市场份额加速向优势企业集中，大国之间围绕新兴产业的竞争日益激烈。但是，互联网、人工智能、大数据等新兴技术的发展为企业带来了更多的创新和成长机会。国有企业可以通过运用这些新技术，增强其创新能力、改进生产能力、提高员工效能，从而优化管理、提升竞争力。另外，随着我国经济社会快速发展，人民群众对基本公共服务的需求水平不断提升，对公共产品的数量、质量、种类、成本、效率等方面都提出更高要求，这也为国有企业提供更高水平公共服务、更高质量公共产品创造了更广阔的市场空间。

3. 牢牢把握国资国企改革的方向目标

毫不动摇巩固和发展公有制经济，应把坚持公有制经济主体地位和深化国资国企改革统筹协调起来，将国有企业发展和完善社会主义市场经济体制、提升我国产业链韧性和国际竞争力结合起来，深化国资国企改革，推动国有企业在建设现代化产业体系、构建新发展格局中充分发

① 国务院国资委党委：《深入实施国有企业改革深化提升行动》，《求是》2023 年第 19 期。

挥科技创新、产业控制、安全支撑作用。聚焦国之大者，围绕国之所需，抓重点、补短板、强弱项，提高核心竞争力，增强核心功能，促进企业高质量发展，以更好服务国家战略。

一是加强科技创新引领，更好服务高水平科技自立自强。首先，国有企业作为国家战略科技力量的重要组成部分，必须强化企业科技创新主体地位，提升企业科技创新引领力和全球竞争力。紧密结合国家科技发展战略和市场需求，明确科技创新在企业发展中的核心地位。通过深入分析行业趋势、市场需求和技术前沿，制定具有前瞻性和可操作性的科技创新战略，明确短期、中期和长期的目标定位。其次，要加强基础性、紧迫性、前沿性、颠覆性技术研究，加大基础研究和应用基础研究，特别是带有目标导向的基础研究的投入；要加强企业主导的产学研深度融合，牵头或参与建设国家实验室、全国重点实验室等国家级创新平台，要和国内的科研机构、高等院校、民营企业、头部民营企业和创新型民营企业建立深度合作关系，通过共建研发平台、联合开展科研项目、共享科研成果等方式，实现优势互补和资源共享。再次，要加强开放创新，积极与国际先进企业合作与交流，引进国外先进的科技创新理念和技术，提升企业科技创新水平，不能关起门来搞技术，要积极融入全球创新网络。最后，要建立完善的科技成果转化机制，加强科技成果的推广和应用，促进科技成果的商业化和社会化，将科技创新成果转化为实际生产力，提升企业的市场竞争力。还应加大科技创新人才的培养和引进力度，注重人才培养的多样性和包容性，鼓励不同背景、不同领域的人才在科技创新中发挥各自的优势。通过设立人才发展计划、实施人才培养工程、建立激励机制等方式，吸引和留住优秀科技创新人才。

二是加快国有经济布局优化和结构调整，服务现代化产业体系建设。国有经济布局优化和结构调整是实现现代化产业体系建设的重要基础。首先，要通过优化国有经济的空间布局、行业结构、企业组织等方面，推动国有资本向战略性新兴产业、高科技产业和现代服务业等领域集聚；加大力度布局前瞻性战略性新兴产业，加大在新一代信息技术、人工智能、生物技术、新能源、新材料、高端装备、绿色环保等产业投资力度；在集成电路、工业母机、关键软件等领域补短板强弱项，加快形成具有国际竞争力的现代化产业体系。其次，要通过调整国有经济的产业结构，推动传统产业转型升级，提高产业附加值和竞争力。同时，通过优化企业组织结构，促进国有企业与民营企业、外资企业等多元主体的融合发展，形成更加开放、包容的产业生态。最后，要充分发挥国有企业龙头牵引作用，推动产业链融通发展。国有企业通常具有较强的资金实力和资源整合能力，在关键领域的投资和发展，往往能够带动相关产业的快速发展，在产业链中发挥引领、支撑、稳定、保障和创新等多重作用。

三是完善中国特色现代企业制度，着力打造现代新国企。首先要优化公司治理结构，建立健全董事会、监事会、经理层等治理主体，明确各自的职责和权利，形成科学有效的制衡机制。同时，加强内部监督和风险控制，确保企业稳健运营。其次要深化产权制度改革，明确国有资产的产权归属，保护产权主体的合法权益，确保国有资产保值增值。通过产权的清晰界定，激发企业的活力和创造力，为打造现代新国企奠定坚实基础。再次要加强企业文化建设，培育具有中国特色、时代特征、企业特点的企业文化，增强员工的归属感和凝聚力。通过企业文化建设，提升企业软实力，为打造现代新国企提供精神动力。最后要加强党的建设与公司治理的融合，坚持党的领导与公司治理相结合，将党的领导融入公司治理体系。通过完善党组织在公司治理中的法定地位，确保党组织在决策、执行、监督等各个环节发挥核心作用。

四是优化资源配置，加大市场化整合重组力度。根据国务院国资委对新一轮国企改革深化提升行动的部署，国有企业要围绕优化资源配置深化改革，进一步加大市场化整合重组力度。2024 年伊始，已有三家大型央企进行了市场化资产整合重组。深入推进布局优化和结构调整，要坚持以企业为主体、市场化为手段，突出主业、聚焦实业，更加注重做强和做专，要持续推动国有资本不断向关系国家安全、国民经济命脉的重要行业和关键领域集中，向提供公共服务、应急能力建设和公益性等关系国计民生的重要行业和关键领域集中，向前瞻性战略性新兴产业集中。推动国资央企重组整合，要更加突出产业引领，要加快推动集成电路、工业母机、装备制造、电子信息、医疗健康、检验检测等关键领域整合重组，加大新能源、矿产资源、主干管网、港口码头等领域专业化整合力度，促进国有资本合理流动和优化配置。

五是弘扬企业家精神，加快建设世界一流企业。市场活力来自人，特别是来自企业家，来自企业家精神。党的二十大报告提出："弘扬企业家精神，加快建设世界一流企业。"改革开放以来的发展历程告诉我们，弘扬优秀企业家精神，发挥企业家作用，经济社会发展就会有源源不竭的动力。坚持"两个毫不动摇"，必须营造企业家健康成长环境，弘扬优秀企业家精神，更好发挥企业家作用，鼓励和引导企业家努力成为新时代构建新发展格局、建设现代化经济体系、推动高质量发展的生力军。

六是全面加强国有企业党的领导和党的建设。坚持党的领导、加强党的建设，是国有企业的"根"和"魂"，是我国国有企业的独特优势。坚持"两个毫不动摇"必须深入学习贯彻习近平总书记关于党的建设的重要思想，切实发挥高质量党建的引领保障作用。首先要完善党领导国有企业的制度机制。其次要打造高素质专业化国有企业领导人员队伍。习近平总书记强调，国有企业领导人员是党在经济领域的执政骨干，是治国理政复合型人才的重要来源，肩负着经营管理国有资产、实现保值增值的重要责任。要坚持党管干部原则，发挥市场机制作用，精准科学选人用人，不断优化队伍结构，努力培养造就一支政治上、能力上、作风上、纪律上都过硬的国企领导干部队伍。要切实发挥国有企业基层党组织战斗堡垒作用。党的基层组织是我们党全部工作和战斗力的基础，中央企业 29.3 万个基层党组织、415.2 万名党员是我们党宝贵的组织资源和组织优势。必须坚持建强国有企业基层党组织不放松，确保企业发展到哪里、党的建设就跟进到哪里、党支部的战斗堡垒作用就体现在哪里，为做强做优做大国有企业提供坚强组织保证。

（三）毫不动摇鼓励、支持、引导非公有制经济发展，促进民营经济发展壮大

1. 支持民营经济发展是党中央的一贯方针

我国非公有制经济从小到大、由弱变强，是在我们党和国家方针政策指引下实现的，对非公有制经济的关爱、引导、支持是我国长期的政策方向。特别是改革开放以来，我们党立足我国基本国情，坚持不懈地探索适应社会主义初级阶段的所有制结构，破除所有制问题上的传统观念束缚，为非公有制经济发展营造了良好环境。党的十一届三中全会确立了以经济建设为中心的方针，党的十二大报告鼓励劳动者个体经济在国家规定的范围内和工商行政管理下适当发展，作为公有制经济的必要的、有益的补充。党的十五大明确提出“非公有制经济是我国社会主义市场经济的重要组成部分”。党的十六大报告强调“必须毫不动摇地鼓励、支持和引导非公有制经济发展”。党的十七大报告指出“形成各种所有制经济平等竞争、相互促进新格局”，进一步为民营经济发展指明了方向。党的十八大以来，以习近平同志为核心的党中央高度重视民营经济发展。从党的十八届三中全会提出“公有制经济和非公有制经济都是社会主义市场经济的重要组成部分，都是我国经济社会发展的重

要基础”，“必须毫不动摇鼓励、支持、引导非公有制经济发展，激发非公有制经济活力和创造力”，到党的十九大把“两个毫不动摇”写入新时代坚持和发展中国特色社会主义的基本方略，提出“支持民营企业发展，激发各类市场主体活力”，再到党的二十大报告提出优化民营企业发展环境，依法保护民营企业产权和企业家权益，促进民营经济发展壮大，充分说明党中央坚持民营经经济发展的方针政策是一以贯之的。随着全面深化改革不断推进，为进一步发挥民营经济推进中国式现代化的生力军作用，中共中央、国务院相继印发了《关于营造更好发展环境支持民营企业改革发展的意见》、《关于促进民营经济发展壮大的意见》和一系列配套政策举措，为民营经济持续健康、高质量发展提供了重要政策支持和保障，也为民营经济发展提振了信心。

2. 民营经济为我国社会主义市场经济发展发挥重要作用

我国非公有制经济快速发展，在稳定增长、促进创新、增加就业、改善民生等方面发挥了重要作用，尤其是民营企业快速发展，已经成为推进中国式现代化的生力军、实现高质量发展的重要基础，为推动我国全面建成社会主义现代化强国、实现第二个百年奋斗目标发挥了不可替代的重要作用。长期以来，民营经济在稳定经济增长、促进创新、增加就业、改善民生等方面发挥了积极作用，已经成为我国经济制度的内在要素，推动经济持续健康发展的重要力量。根据相关数据统计，在税收上，2012—2021 年，民营企业占比从 48% 提升至 59. 6%；在就业上，2012—2022 年，规上私营工业企业吸纳就业占比从 32. 1% 提高至 48. 3%。在数量上，2012—2022 年，民营企业数量从 1085. 7 万户增至 4700 多万户，10 年间翻了两番多，占比从 79. 4% 增长到 93. 3%；民营上市公司数量突破 3000 家；在世界 500 强企业中，我国民营企业由 2012 年的 5 家增至 2022 年的 28 家。在外贸上，民营企业从2019年起成为第一大外贸主体，2022年占比达50.9%。[①] 2022年，中国制造业500强中民营企业占72%，光伏产业全球前10强中8家都是中国民营企业，第四批共4300多家专精特新“小巨人”企业中民营企业占比84%。我国民营科技企业数量占全国高新技术企业总数的50%左右。目前，全国65%左右的发明专利、70%左右的技术创新和80%以上的新产品都来自民营企业。民营企业还是国际新赛道的主要开拓者，我国电动载人汽车、锂电池、太阳能电池及组件等，近几年出口增长速度超过30%，有些超过50%，民营经济是这些产品生产和出口的主体，成为拉动整体出口结构提升的新动能。[②]

3. 不断优化民营经济发展环境

毫不动摇鼓励、支持、引导非公有制经济发展，促进民营经济发展壮大，必须从制度和法律上把对国企和民营企业平等对待的要求落实到位，营造有利于非公有制经济公开公平公正参与竞争的法治环境，完善促进中小微企业发展的政策体系。

一是营造良好的营商环境，提振民营经济发展信心。持续破除市场准入壁垒，保障民营企业公平参与市场竞争，进一步放开民营企业市场准入，实施公平统一的市场监管制度，推动各类市场主体依法平等享有国家支持发展的政策。二是保障民营企业依法平等使用资源要素。健全银行业金融机构服务民营企业的制度，完善民营企业直接融资支持制度。三是依法保护民营企业产权和企业家权益。健全执法司法对民营企业的平等保护机制，保护民营企业和企业家合法财产。持续完善知识产权保护体系，加大对民营中小微企业原始创新保护力度。党的二十大报

---

① 《进一步激发民营经济发展活力——国家发展改革委有关负责人就〈中共中央　国务院关于促进民营经济发展壮大的意见〉答记者问》，中国政府网，https://www.gov.cn/zhengce/202307/content_6893136.htm。

② 江小娟：《发展民营经济需要各方共同努力》，《北京日报》2023年8月7日。

告指出，“优化民营企业发展环境，依法保护民营企业产权和企业家权益”。这给民营企业家吃了“定心丸”，使他们能够有清晰预期，放心投资、安心经营、专心创新、大胆发展。四是完善监管执法体系。加强监管标准化规范化建设，依法公开监管标准和法则，增强监管制度和政策的稳定性、可预期性，提高监管公平性、规范性、简约性。

（四）坚持“两个毫不动摇”，促进多种所有制经济优势互补、共同发展

习近平总书记指出，“公有制经济、非公有制经济应该相辅相成、相得益彰，而不是相互排斥、相互抵消”①。“两个毫不动摇”原则，是党对社会主义基本经济制度多年坚持与发展所积累的成功经验的深刻总结，彰显了中国特色社会主义的制度优越性。在社会主义市场经济体系中，公有制经济与非公有制经济各自扮演着举足轻重的角色，彼此间的合作与促进共同推动着经济的稳健发展。公有制经济以其公有资产在社会总资产中的优势地位，体现了其主体地位，而国有经济在控制国民经济命脉、带动力与影响力上的主导作用，则不应仅仅以数量或比例来衡量。同时，非公有制经济以其独特的创新力、探索力和灵活性，发挥着不可替代的作用，应得到充分的鼓励、支持和引导。尽管在某些领域，公有制经济与非公有制经济在要素利用和市场开发上存在一定的竞争关系，但这种竞争是良性的、公平的，有助于提升产品质量和效率，是我国社会主义市场经济发展的重要推动力。

自改革开放以来的 40 余年里，我国多种所有制经济通过创新链、产业链、资金链以及人才链的深度融合与协同发展，共同编织了我国完备的产业体系和多元化的产业生态，为迈向更高层次的产业发展奠定了

① 习近平：《在网络安全和信息化工作座谈会上的讲话》，《人民日报》2016 年 4 月 26 日。

坚实基础。在此期间，不同所有制类型的企业通过兼并收购等多种方式实现了相互融合，从而在协调发展中弥补了各自短板，提升了整体能力。此外，不同所有制企业间人才、技术、资金等要素的相互流动，极大提升了我国产业链的整体水平和竞争力。在国际市场开发和企业管理方面，不同所有制企业相互学习、相互借鉴，有效提升了业务的国际化程度、产品质量以及生产效率。

综上所述，公有制经济与非公有制经济作为社会主义市场经济的两大支柱，彼此间既相互合作又相互促进，各自拥有独特的优势，共同肩负着推动中国经济高质量发展的重任。为实现中国式现代化，我们必须坚定不移地坚持“两个毫不动摇”的原则，将公有制经济和非公有制经济有机统一于社会主义市场经济的框架内，充分发挥各自优势，促进多种所有制经济之间的优势互补与共同发展。

二、保持合理的年均 GDP 增速

党的十九届五中全会确定的我国 2035 年远景目标中提到，人均国内生产总值（GDP）达到中等发达国家水平，蕴含着未来 15 年我国 GDP 增速需要保持在合理区间。根据相关学者按照潜在增长能力测算，预测中国要实现 2025 年和 2035 年两个 GDP 目标，应该在 15 年里保持 4.7% ~4.9% 的年平均增长速度。

（一）完成目标具有扎实基础

面对世界百年未有之大变局和严峻复杂的国内外形势，传统的发展方式不再适应新形势的要求，将 GDP 增速目标设为保持在合理区间，凸显了底线思维和对发展效益的强调，也代表着中国对经济发展的理解上了一个新台阶，同时彰显了完成目标的坚实基础。

1. 物质基础雄厚

自2010年以来，我国就稳居世界第二大经济体的地位，2019年人均GDP突破1万美元大关，2020年GDP首次突破100万亿元人民币，占世界经济总量的比重超过17%，对世界经济增长的贡献率达到30%左右。我国经济不仅在总量上持续扩大，在质量上也稳步提升。这些成就不仅为我国开启全面建设社会主义现代化国家新征程，实现第二个百年奋斗目标打下了雄厚物质基础，而且奠定了我国在世界经济格局中的重要地位。

2. 市场优势凸显

我国作为全球唯一具备联合国产业分类中全部工业门类的国家，凭借工业结构的完整性在全球价值链中从高到低各个环节进行部署，形成了新的比较优势和规模优势，我国产业深度参与全球分工，要素配置对其他国家也必然产生巨大和正面的外溢效应。同时，在我国14亿多人口的超大规模内需市场的拉动下，国内大循环越顺畅，这一外溢效应也将越明显，不仅有助于增强我国国内市场对全球的吸引力，提升我国在世界经济中的地位，而且也为其他国家企业进入全球潜力最大市场，利用更多的国际商品和要素资源提供了更广阔的市场机会。①

3. 人才红利日益显现

一方面，劳动年龄人口占比高。2023年我国劳动年龄人口占总人口的比重为61.3%。另一方面，劳动年龄人口受教育程度逐渐提高。据统计，至2018年，我国受过高等教育和职业教育的高素质人才已有1.7亿人。庞大的人力资本和人才资源使得我国有基础有能力推动科技

① 蔡昉：《坚持扩大内需战略基点　形成强大国内市场》，《山东经济战略研究》2020年第11期。

进步，促进产业结构从低端向高端迈进，从而为实现产业转型升级提供持续不断的内生动力。

4. 科技整体水平大幅提升

2023 年，我国研发经费投入稳居世界第二，研发经费投入强度达到 2.64%，超过欧盟国家平均水平。在载人航天、探月工程、超级计算、量子通信等前沿领域取得一大批标志性成果："嫦娥五号"实现地外天体采样返回，"天问一号"开启火星探测，量子计算原型机"九章"成功问世，"海斗一号"完成万米海试，北斗卫星导航系统全面开通，中国空间站天和核心舱成功发射。我国科技实力正在从量的积累迈向质的飞跃，从点的突破迈向系统能力提升。2023 年，我国拥有的全球百强科技创新集群数量首次跃居世界第一，在世界知识产权组织发布的全球创新指数排名中居第 12 位，是前 30 名国家中唯一的中等收入经济体。

5. 经济结构持续优化

在产业结构上，战略性新兴产业对经济增长推动力持续增强，新旧动能转换将取得根本性进展；在区域结构上，粤港澳大湾区、长三角、京津冀和长江经济带等加快集聚发展，成为推动经济增长的重要区域经济增长极；在城乡结构上，我国仍处于城镇化加速期，随着大中城市的快速发展和推进乡村振兴战略，城镇化红利将加速释放。

（二）实现目标的路径选择

1. 把实施扩大内需战略同深化供给侧结构性改革有机结合起来

要在供给和需求两方面共同发力，更好推动供给创造需求、需求牵引供给，提高供给和需求的适配性。要把实施扩大内需战略同深化供给侧结构性改革有机结合起来，不可将扩大内需与供给侧结构性改革对立起来，应重点从供给侧发力扩内需，总的原则是用消费带动投资、用下游投资带动上游投资、用进口带动出口。① 同时要提高供给与需求的适配性，即供给与需求之间在总量上的均衡和结构上的协调。一方面，要以有效需求牵引并刺激供给，但不能忽视市场竞争规律或脱离市场需求而盲目扩大供给，以免造成资源配置失衡和无效；另一方面，要以优质供给灵活地适应和满足需求变化并不断创造新需求，形成供给与需求之间相互促进的更高水平的动态均衡。②

2. 加快科技自立自强步伐

充分发挥新型举国体制，围绕关键核心技术环节加大创新投入力度，提高自主研发能力与水平。围绕产业链部署创新链，提高科技投入产出效率和质量，加大原创性、引领性技术研发投入，构建以实效为导向的科技创新工作体系。深化科技体制改革，强化企业科技创新主体地位，形成支持创新的基础制度，优化配置国内外创新资源，加强基础研究，在人工智能、量子信息、脑科学等前沿领域实施一批前瞻性、战略性国家重大科技项目，加快攻克重要领域“卡脖子”技术。注重将科技成果向现实生产力转化，以此破解产业链的堵点、断点和受制于人的短板，从而提升产业链、供应链现代化水平，实现创新链、产业链和市场需求对接。抓住产业革命和科技革命机遇，不断适应新习惯、新模式、新业态。鼓励企业通过加大设备更新和技术改造投资力度，推动产业转型升级和支撑民生改善，积极调整现有供给结构，扩大有效和中高端供给，既要满足传统消费升级需求，又要满足持续增长的新型消费需求。

3. 加快发展现代化产业体系

现代化产业体系是建立在现代技术、资本和人力等要素基础之上，

---

① 王东京：《深入理解“实施扩大内需战略”》，《实践（思想理论版）》2020 年第 7 期。

② 刘伟：《构建新发展格局需统一战略基点与战略方向》，《中国党政干部论坛》2021 年第 1 期。

由现代化产业、产业链和产业集群构成的经济体系，具有创新驱动、协调发展、开放联动等基本特征。实体经济尤其是制造业在现代化产业体系中占有核心和主体地位。习近平总书记深刻指出，中国式现代化不能走脱实向虚的路子，必须加快建设以实体经济为支撑的现代化产业体系。因此，要把发展的着力点放在实体经济上，扎实推进新型工业化。积极推动短板产业补链、优势产业延链、传统产业升链、新兴产业建链。积极培育新能源、新材料、先进制造、电子信息等战略性新兴产业，积极培育未来产业，加快形成新质生产力，增强发展动能。推动战略性新兴产业融合集群发展，打造更多的支柱产业，增强我国在全球产业链供应链中的竞争力、影响力。促进现代服务业同先进制造业、现代农业深度融合。提高供给质量，优化产业结构，推动传统产业转型升级，培育新兴产业和现代服务业。注重绿色发展和智能制造，提高供给产品的质量和性能。通过打造多元融合主体，引导优势企业和上下游企业、关联企业围绕核心业务和产品共建业务信息平台、交互研发设计平台、供应链管理平台、工业云平台等，形成融合共生的产业生态圈。同时，重点加快现代服务业与重点制造业的融合，推动现代服务业与原材料产业、消费品制造业融合，提升制造业的绿色化、智能化、品牌化水平。

4. 加快构建以国内大循环为主体、国内国际双循环相互促进的新发展格局

深化供给侧结构性改革，畅通国内大循环。建立全国统一的市场制度规则和监督管理体系，促进要素流动畅通。加强需求管理，建立健全需求管理机制，深入了解消费者需求，引导消费升级。打破要素市场和商品市场分割，促进资源流动畅通。破除产权交易市场壁垒，构建全国统一的土地市场、劳动力市场、数据市场和碳交易市场，吸引高端要素集聚，通过扩大中等收入群体，增加高端消费和高品质服务的需求。依

托我国超大规模市场优势，促进国际循环。坚定不移全面扩大开放，以国内大循环吸引全球资源要素，增强国内国际两个市场两种资源联动效应，提升贸易投资合作质量和水平。加快建设海南自由贸易港，实施自由贸易试验区提升战略，扩大面向全球的高标准自由贸易区网络。充分利用两个市场、两种资源，推动双循环相互促进。用好国内国际两个市场、两种资源，是构建新发展格局应有之义。要让国内市场和国际市场更好联通，充分利用国内国际两个市场、两种资源，提高在全球配置资源的能力，努力争取开放发展中的战略主动。全面对接国际高标准市场规则体系，推进更大范围、更宽领域、更深层次的全面开放，以开放促改革促发展，推动我国由经济大国向经济强国迈进。

三、牢牢守住18亿亩耕地红线

“民非谷不食，谷非地不生。”耕地是我国最为宝贵的资源，耕地安全是粮食安全的重要保障和基础，保粮食安全必须保耕地安全。习近平总书记始终牵挂着耕地保护和耕地质量提升，多次发表重要讲话，要求“坚决守住18亿亩耕地红线”[①]，为夯实大国粮仓“耕基”提供了根本遵循。

18亿亩耕地究竟是怎么来的？为什么要牢牢守住18亿亩耕地红线？在未来，继续守住18亿亩耕地红线，还要克服哪些难题？

（一）18亿亩耕地的确定依据是什么？

改革开放之后，我国城镇化发展迅速。据统计，1978—1998年城

① 习近平：《加快建设农业强国　推进农业农村现代化》，《求是》2023年第6期。

镇化率以平均每年 0.62% 的速度增长。然而，仅仅在 1986—1995 年，我国因城乡建设所导致的耕地净减少面积就超过 2000 万亩。在快速城镇化的过程中，我国开始重视耕地的保护。1997 年，《中共中央、国务院关于进一步加强土地管理切实保护耕地的通知》提出实施基本农田保护和耕地总量动态平衡制度。1999 年，《中华人民共和国土地管理法》再次提出，严格执行土地利用总体规划和土地利用年度计划，并首次以立法形式确定了土地用途管制。但是，上述举措在保障耕地数量与粮食安全方面的效果并没有达到预期目标，保障国家粮食安全仍是一项重要任务。2005 年，启动全国第三次土地利用总体规划修编时，采用第二次全国土地调查前的数据，即 18.3 亿亩耕地，这是后来划定 18 亿亩耕地红线的依据之一。2006 年，国家统计局与原农业部基于当时人口、粮食亩产与复种指数等综合因素，计算出若要确保 2010 年和 2030 年我国粮食自给率稳定在 95% 以上，则至少需要 18 亿亩耕地。同年的“十一五”规划纲要中，明确 18 亿亩耕地红线，这也是 18 亿亩耕地红线首次正式出现。此后，第十届全国人民代表大会第五次会议提出，在土地问题上，一定要守住全国耕地不少于 18 亿亩这条红线；《全国土地利用总体规划纲要（2006—2020 年）》规定，全国耕地保有量到 2010 年和 2020 年分别保持在 18.18 亿亩和 18.05 亿亩；2009 年，原国土资源部又提出“保耕地红线”行动，即坚持实行最严格的耕地保护制度，坚持耕地保护的红线不能碰。自此，固守 18 亿亩耕地红线与保障粮食安全便牢牢地捆绑到了一起。

（二）为什么要守住18亿亩耕地红线？

从粮食安全战略角度看，粮食需求刚性增长。我国是人口大国，14 亿多人口的饭碗，不能依靠外部市场来解决。一方面，随着人口变化和人民生活水平的提高，对粮食的需求和质量的要求也持续增加。根据

《国家人口发展规划（2016—2030 年）》（以下简称《规划》），到 2030 年，全国总人口达到 14. 5 亿人左右。从过去的数据看，我国粮食需求一直在增长，在未来，这种增长仍会继续。从国内外的预测来看，到 2035 年，我国粮食需求可能会达到一个峰值。不同机构或专家预测的数据不同，但是增长的趋势都是相同的。另一方面，城镇化的推进，城市的持续扩张，带来的建筑用地需求也持续增加。《规划》预计 2016—2030 年农村向城镇累计转移人口约 2 亿人，届时，常住人口城镇化率将达到 70%。这意味着，建设用地的需求仍旧存在，耕地面临的压力仍旧非常大。尽管粮食生产连年丰收，但供需处于紧平衡状态，加之国际形势严峻复杂，在这样的趋势下，要想以占世界 9% 的耕地、6% 的淡水资源，养育世界近 1/5 的人口，就必须牢牢守住 18 亿亩耕地红线，让“中国粮仓”更加充盈。同时，自 2016 年起我国已连续向亚非拉 50 余国提供过紧急粮食援助。耕地红线在守牢 14 亿多中国人民“命脉”的同时，也与世界人民的“命脉”紧密相连。所以，在未来，对粮食安全的保障，仍旧要警钟长鸣，而守住耕地红线是其中重要的一部分。

从耕地资源评估角度看，守住耕地红线基础尚不稳固。第三次全国国土调查结果显示，目前我国耕地面积达到 19. 18 亿亩，守住 18 亿亩耕地红线没有问题。但同时也要看到，耕地减少的趋势仍旧存在。一段时间以来，部分地区耕地保护责任落实不到位，个别地方或违规占用耕地绿化造林，或超标准建设“绿色通道”，或擅自占用耕地挖田造湖、挖湖造景，或擅自调整国土空间规划规避占用永久基本农田审批，或违规占用耕地从事非农建设，耕地“非农化”“非粮化”等突出问题依然存在。一些地方统筹粮食安全与生态保护之间关系的能力不足，以牺牲耕地保护和生态环境换取一时一地的经济增长，侵占农田“做土地文章”的冲动依然强烈，守住耕地红线的基础尚不稳固。只有“确保 18 亿亩耕地红线决不突破”，才能进一步夯实真正把耕地特别是永久基本农田建成适宜耕作、旱涝保收、高产稳产的现代化良田的基础。

（三）如何守住18亿亩耕地红线？

耕地保护是强化粮食安全保障的根本措施，关系到民生福祉和国家长治久安。2023年底召开的中央农村工作会议提出，加强耕地保护和建设，健全耕地数量、质量、生态“三位一体”保护制度体系。

1. 保持耕地数量，健全耕地保护制度

保持耕地数量、守好耕地红线是确保国家粮食安全的基础，保护耕地首先要在耕地面积上守住存量、做好增量。要坚持底线思维，严格执行耕地保护法律制度体系，全面落实永久基本农田特殊保护制度，完善耕地开发利用、空间规划和用途管制等制度体系，严格落实土地管理法及土地管理法实施条例、黑土地保护法等法律法规；强化耕地管控，严控耕地转为非农建设用地；充分发挥多元市场主体的作用，协调耕地保护和土地开发利用过程中相关者的权益关系，严格落实耕地占补平衡，全面实行非农建设占用耕地先补后占，强调占一补一、占优补优、占水田补水田，将耕地保护制度落到实处；严格补充耕地核实认定，建立补充耕地地块公开制度，确保补充耕地真实可靠；严控耕地转为其他农用地，实行“进出平衡”制度，耕地转为林地、草地、园地等其他农用地的，必须在年度内补足数量相等、质量相当的可长期稳定利用耕地。健全补充耕地质量验收制度，对耕地占用后补充的土地质量提出具体要求，强化刚性约束。

2. 提升耕地质量，大力推进高标准农田建设

耕地保护既要保数量，也要提质量，不断提升耕地质量，才能确保粮食产得出、供得上、供得优。相较于传统农田，高标准农田具有旱涝保收、稳产高产的优势。有关统计显示，高标准农田项目区的亩产比一般农田提升10%～20%，机械化水平提高15%～20%，节水20%～30%，

节电30%以上，节肥13%。[1] 当前，中国高标准农田面积约占全国耕地面积的52%，这已经可以稳定保障1万亿斤以上粮食产能。随着未来面积进一步扩大，中国粮食生产将会有更坚实的基础。

首先，要尊重农民意愿，通过让农民获得实实在在的收益，激发农民参与支持高标准农田建设的积极性。高标准农田建设，不仅能大幅提高耕地产出能力，还能显著增强抗灾减灾能力，提升资源利用效率，改善农业综合效益，高标准农田亩均节本增效500多元。[2]

其次，要拓宽筹资渠道。引入社会力量，探索多种方式的资金投资方式，鼓励和支持社会资本投入高标准农田建设，避免全部来自中央政府和地方政府项目建设资金，造成较大财政压力。同时，各级政府也要持续加大财政投入力度，适当提高建设补助标准，特别是对一些遭受自然灾害严重的地区，也要增加投入标准。

最后，要管好、用好高标准农田。按照“谁受益、谁管护，谁使用、谁管护”的原则，落实管护主体责任，鼓励农村集体经济组织、新型农业经营主体、农户等直接参与高标准农田建设管护，探索通过新增耕地指标收益筹措后期管护资金新思路。

3. 推进生态文明建设，加强耕地生态保护

回顾过去，由于不合理的耕地开发利用方式，农业生产中过度依赖农药、化肥和塑料薄膜等化学产品，这些不当措施给耕地带来了严重的土壤污染，导致生态环境日益恶化。这不仅削弱了耕地的生态功能，降低了其生产能力，更对农产品质量和农业生态环境安全构成了严重威胁。为了扭转这一局面，必须采取切实有效的措施。

首先，应大力实施耕地土壤污染治理和修复工程，通过科学的方法

---

① 邱海峰：《五组数据看“中国饭碗”之稳》，《人民日报（海外版）》2023年9月14日。
② 李翠霞：《建设好高标准农田　夯实粮食安全根基》，《光明日报》2024年4月19日。

和手段，对受污染的土壤进行治理，恢复其健康状态。同时，全面推进农业生产过程中的减污降碳工作，倡导绿色、环保的农业生产方式，减少化学农药和化肥的使用量，降低农业生产对环境的负面影响。此外，还应积极开展退化耕地的综合治理工作，通过改善土壤结构、增加有机质含量等措施，提升耕地的肥力和保水能力。对于已经受到污染的耕地，要采取针对性的治理修复措施，恢复其生态功能。同时，统筹推进耕地休养生息，让疲惫的土地得到充分的休息和恢复，以实现耕地的可持续利用。

总之，加强耕地生态保护是推进生态文明建设的重要举措。需要从源头上控制污染，通过科学治理和修复措施，恢复耕地的生态功能和生产能力，为农业可持续发展和农产品质量安全提供有力保障。只有这样，我们才能让疲惫的土地重新焕发生机，实现人与自然的和谐共生。

4. 实现效益共赢，完善耕地经济补偿机制

激发耕地保护主体的积极性，有效遏制耕地“非粮化”。为了进一步完善耕地保护补偿机制，必须确保各区域的补偿标准紧密关联于耕地质量、数量及其生态系统的变化幅度。这样的设定旨在通过让耕地的直接受益者或破坏者向保护者提供经济补偿，从而有效捍卫耕地的红线，遏制城乡建设对耕地的侵占，进而合理控制城乡建设用地的规模，实现耕地资源的优化配置。此举不仅有助于土地的集约利用，更能有效保护耕地生态环境，推动资源节约型和环境友好型农业的蓬勃发展。同时，需要进一步拓宽耕地保护补偿的范围。补偿不应仅限于保护现有的农田面积，更应涵盖耕地环境保护、农产品安全等重要方面。为此，可以开展耕地保护的专项补偿和综合项目补偿。专项补偿包括针对化肥和农药减施或免施的补偿、农膜回收利用和秸秆资源化利用的补偿、节水农业的补偿等，旨在从源头上改善土壤环境，提升耕地质量。综合项目补偿则主要面向农业绿色发展示范项目，通过支持建立“三品一标”（无公

害农产品、绿色食品、有机农产品和农产品地理标志）示范基地，实施农产品安全认证，推进区域生态农业建设。这样的综合补偿不仅有助于提升农产品的质量和安全水平，更能推动农业产业的绿色转型，实现经济效益、社会效益和生态效益的共赢。

5. 压实主体责任，强化耕地保护监管与评估

明确耕地保护责任主体，压实耕地保护的属地监管责任，建立覆盖耕地变化全周期的实时监测与监管体系，完善耕地保护责任审计制度。强化国家自然资源督察对省级政府履行耕地保护责任的监督检查。提升村民委员会、村民小组等基层组织在保护和管理农用地履职能力，加强基层组织农用地保护意识、生态文明意识。加强耕地保护的科技创新，运用卫星遥感技术开展土地卫片执法。及时发现、严肃查处违法违规问题，公开通报典型案例，发挥震慑作用，对发现的问题持续督促整改。进一步细化耕地保护监测指标，优化耕地种植粮食的生产空间，确保耕地数量不减少、质量有提升、生态功能稳定。

四、确保全国粮食产量保持在1.3万亿斤以上

民为国基，谷为民命。粮食事关国计民生，粮食安全是国家安全的重要基础。习近平总书记强调，“要始终把保障国家粮食安全摆在首位，加快实现农业农村现代化，提高粮食综合生产能力，确保平时产得出、供得足，极端情况下顶得上、靠得住”①。2021 年政府工作报告首次提出全国粮食产量保持在 1.3 万亿斤以上的目标。这一目标设定，反

① 《习近平主持召开新时代推动东北全面振兴座谈会强调：牢牢把握东北的重要使命　奋力谱写东北全面振兴新篇章》，中国政府网，https：//www.gov.cn/yaowen/liebiao/202309/content_6903072.htm。

映了国家对粮食安全的重视和保障粮食生产的决心。此后，这一目标连续多次出现在政府工作报告中，并在中央一号文件等文件中得到强调和细化。“手中有粮，心中不慌”，面向未来，我国粮食安全的基础需要进一步巩固增强，保障粮食安全的任务十分艰巨。

（一）目标确定的依据是什么？

全国粮食产量保持在 1.3 万亿斤以上的确定依据是多个方面的综合考虑。

首先，这一目标是基于我国粮食生产的实际情况和趋势来设定的。自《全国新增 1000 亿斤粮食生产能力规划（2009—2020 年）》实施以来，我国粮食产量连续迈上 1.1 万亿斤、1.2 万亿斤、1.3 万亿斤的台阶。2015 年以来，我国粮食总产量连续 9 年稳定在 1.3 万亿斤以上，2023 年我国粮食产量达到 1.39 万亿斤，粮食生产实现“二十连丰”。这些数据表明我国粮食生产具有坚实的基础和稳定的增长态势。

其次，由于全球资源环境约束加剧、粮食需求刚性增长等因素，端牢饭碗的压力不断加大。联合国粮农组织、联合国难民署等多个国际组织和机构联合发布的《全球粮食危机报告》显示：全球正面临严重的粮食不安全时期，2022 年有超过 2.5 亿人面临严重饥饿，这一数字连续 4 年上升。[①] 尽管我国粮食总量充足，但仍存在结构性问题和部分粮种对外依存度高的风险，尤其是极端天气事件频发，农业灾害风险明显加大，地区冲突推动百年变局加速演进，全球农产品产业链、供应链不稳定不确定性明显增加，我国粮食安全仍面临一系列风险挑战。因此，

---

① 曾伟：《国际粮食价格波动特征、规律与应对策略——基于 6 次典型大幅上涨的分析》，《经济学家》2023 年第 3 期。

将粮食产量目标设定在1.3万亿斤以上，不仅有助于夯实国内粮食安全基础，满足人民群众对粮食的需求，也是确保国家独立自强和应对外部风险与不确定性的现实需要，是推动农业强国建设的关键。

最后，国际普遍认可的标准也是确定粮食产量目标的重要参考。根据国际标准，人均粮食占有量达到400公斤被认为是粮食安全线。以我国的人口数量为基础，粮食总产量达到1.3万亿斤以上可以保障人均粮食占有量达到或超过这一标准。

综上，全国粮食产量保持在1.3万亿斤以上的确定依据是基于我国粮食生产的实际情况、发展趋势、国际标准等多方面因素的考虑。这一目标的设定有助于确保国家粮食安全，满足人民群众的粮食需求，并为经济的稳定发展提供重要支撑。

（二）如何确保完成目标？

当前，我国粮食安全总体有保障。但同时我们也应看到，世界百年未有之大变局正在加速演进，国内改革发展稳定任务艰巨繁重，随着自然资源环境约束进一步趋紧，居民食品消费结构升级带动粮食需求持续增长，粮食供求紧平衡态势将长期存在。确保国家粮食安全的稳定是维护国家安全的基本前提，守住国家粮食安全底线仍需多措并举、综合施策。

1. 提升粮食产能是首要任务

2024年中央一号文件提出“推进新一轮千亿斤粮食产能提升行动”，提出“把粮食增产的重心放到大面积提高单产上”，“优化农业科技创新战略布局”。随后，国务院印发的《新一轮千亿斤粮食产能提升行动方案（2024—2030年）》明确提出，到2030年实现新增粮食产能千亿斤以上，粮食播种面积稳定在17.5亿亩左右、谷物面积14.5亿亩左右，粮食单产水平达到每亩420公斤左右。单产是产量的“定盘星”，提高单产是今后我国粮食增产的重心。目前，我国部分重要粮食作物的单产与世界先进水平仍有较大差距，玉米、大豆单产还有较大提升空间。要持续实施粮食单产提升工程，集成推广良田、良种、良机、良法，全面提升单产水平。

2. 保护耕地是关键因素

耕地是粮食生产的命根子。面积是产量的“铁盘”。一方面，要严守18亿亩耕地红线，必须采取“长牙齿”的硬措施，政府应加强对耕地的保护和管理，制定严格的耕地保护政策，落实最严格的耕地保护制度，防止非法占用和破坏耕地。依法依规做好耕地占补平衡，规范有序推进农村土地流转，确保耕地数量稳定，坚决遏制耕地“非农化”，有效防止“非粮化”。同时，加强耕地质量监测和评估，及时发现和解决耕地退化问题，确保耕地的可持续利用。另一方面，提高土地质量是提升粮食产能的重要途径。通过推广科学的耕作制度、合理的施肥技术和有效的灌溉措施，可以改善土壤结构，提高土壤肥力，从而增加粮食产量。此外，加强土地整治和复垦工作，将废弃地、闲置地等转化为可利用的耕地资源，也是提高土地利用率和粮食产能的有效手段。在此基础上，要建设国家粮食安全产业带，加强高标准农田建设，推进农田水利建设，促进粮食生产能力的稳步提升。

3. 落实政策是重要基石

亿万农民是种粮的主体，保障粮食安全，关键是要保障农民的种粮积极性。近年来，中央出台一系列稳农富农政策，例如：坚持并完善稻谷、小麦最低收购价政策；在春耕等农业生产关键时期下达实际种粮农民一次性补贴100亿元；中央财政安排农业保险保费补贴专项用于实施三大粮食作物完全成本保险和种植收入保险，实现粮食主产区826个产粮大县全覆盖，健全价格、补贴、保险“三位一体”政策体系，实施夏粮“一喷三防”、秋粮“一喷多促”……一项项真金白银的政策举措，稳定了粮农种植预期，增强了种粮信心。未来要继续深入实施并落实好国家粮食安全战略，从耕地、种子、农机、水利等着手，加强顶层设计，完善政策保障，强化粮食生产能力建设。

4. 科技驱动是根本出路

更好发挥科技驱动作用是破解劳动力成本上升、资源环境约束日益趋紧与粮食增产、环境可持续发展之间的矛盾与问题的关键。习近平总书记指出，“农业出路在现代化，农业现代化关键在科技进步。我们必须比以往任何时候都更加重视和依靠农业科技进步，走内涵式发展道路”①。当前，我国在部分核心种源、核心工具、核心元器件、核心算法上仍存在“卡脖子”难题。耕地有限，科技无限，科技已经成为促进我国“三农”发展最重要的驱动力。要加快构建梯次分明、分工协作、适度竞争的农业科技创新体系；加快构建智慧粮食产业体系，充分利用智能装备、新一代信息技术，实现粮食生产过程和生产环境持续监测、生产经营和管理高度自动化，提升施肥、灌溉等作业的精准化程度，降低劳动投入，提升产出效率；农以种为先，良种在促进粮食增产方面具有十分关键的作用。要下决心把我国种业搞上去，加快种质资源保护和利用，加强种子库建设，开展种源“卡脖子”技术攻关，实现种业科技自立自强、种源自主可控。

5. 经营体系是重要助手

截至2023年9月底，全国农民合作社、家庭农场分别超过222万个、400万个。超过107万个农业社会化服务组织成为农民贴心“田保姆”，服务带动小农户9100多万户，覆盖超19.7亿亩次。② 获嘉县是河

---

① 人民论坛编辑部：《习近平“三农”思想新观点新论述新要求》，《人民论坛》2015年第30期。

② 《全国粮食产量连续9年站稳1.3万亿斤台阶 来之不易的丰收答卷》，《人民日报》2023年12月12日。

南省农业生产社会化服务试点县，当地发展“服务组织 + 种地大户 + 农户”的土地托管模式，从一家一户到一站式组团托管，乡亲们享受全程托管服务，尝到了农业生产托管的甜头。

五、坚决守住不发生系统性金融风险底线

金融事关发展全局。金融是国民经济的血脉，是国家核心竞争力的重要组成部分。有效防范化解重大经济金融风险是维护国家安全的重要内容。

（一）防止发生系统性金融风险是金融工作的永恒主题

党的十八大以来，党中央高度重视金融工作，多次就防范化解金融风险作出重大部署。在 2013 年中央经济工作会议上，习近平总书记指出，“采取有效措施化解区域性和系统性金融风险”[①]；在 2017 年全国金融工作会议上，习近平总书记对服务实体经济、防控金融风险、深化金融改革三项任务作出部署，强调要“强化监管，提高防范化解金融风险能力”[②]；在党的十九大上，习近平总书记对打好三大攻坚战作出部署，强调“要坚决打好防范化解重大风险”攻坚战；在党的二十大上，习近平总书记指出，“深化金融体制改革，建设现代中央银行制度，加强和完善现代金融监管，强化金融稳定保障体系”；2023 年中央金融工作会议强调，要以推进金融高质量发展为主题，全面加强金融监

① 《中央经济工作会议在北京举行》，《人民日报》2013 年 12 月 14 日。

② 《服务实体经济防控金融风险深化金融改革　促进经济和金融良性循环健康发展》，《人民日报》2017 年 7 月 16 日。

管，有效防范化解金融风险，牢牢守住不发生系统性金融风险的底线。[①] 习近平总书记关于金融工作的系列重要论述，科学回答了金融事业发展的一系列重大理论和实践问题，极大深化了我们党对金融发展的规律性认识，为推动金融高质量发展提供了根本遵循和行动指南。

（二）认清系统性金融风险发生的本质和规律

1. 系统性金融风险具有隐蔽性特征

系统性风险在爆发前通常有一个较长的积累过程，易被忽视。例如：2001—2003 年，美联储连续降息刺激了房地产泡沫和金融业加杠杆行为；2004—2006 年基准利率又快速提升，房地产泡沫破灭，次贷危机爆发。其间，监管部门未能及时发现风险，国际货币基金组织（IMF）也认为“核心商业和投资银行金融地位稳定，系统性风险很低”。[②]

2. 系统性金融风险成因具有复杂性特征

金融风险实质上是实体经济周期性波动和结构性失衡的反映，各类风险都可能积聚诱发系统性金融风险。例如，如在盲目扩张与粗放经营的推动下，许多企业忽视了风险的积累，从而为金融风险的滋生提供了温床。房地产市场的过度繁荣与高度金融化，也是金融风险的一大诱因。当房地产占比过重，一旦市场出现波动，便会对整个经济体系产生巨大的冲击。同时，地方隐性债务的膨胀与土地财政的难以为继，更是如同暗流涌动，威胁着整个金融体系的稳定。金融资源的配置失衡与低效占用，也是不容忽视的问题。当资金无法流向真正需要的地方，或者在某些领域过度集中，便会导致资源的浪费与风险的积聚。此外，居民

---

① 《中央金融工作会议在北京举行》，《人民日报》2023 年 11 月 1 日。

② 吕鹏健、段炼：《聚焦系统性金融风险》，《中国金融》2023 年第 2 期。

部门债务率的上升与储蓄率的下降，也在无形中加剧了金融风险。更为严重的是金融机构的非理性经营活动及监管失当。在市场利益的驱使下，一些金融机构可能会忽视风险，盲目追求利润，从而导致风险的迅速积聚。而监管的失当，更是为这些风险敞开了大门，使其得以肆意蔓延。因此，系统性金融风险的诱发因素多种多样，从实体经济的波动到金融机构的失范，都可能是风险产生的根源。

3. 系统性金融风险的触发具有偶然性特征

金融具有产业链条长、价值实现过程曲折、市场信息不对称、易受外部因素干扰等特点，在经济周期波动、社会预期快速变化等不确定条件下，金融风险极易诱发。一些非系统性风险的积累、货币财政政策调整、金融交易行为中断、大型融资主体债务链断裂、房地产及大宗商品价格的异常波动、政治社会突发事件、预期恐慌等都可能引发系统性金融风险。

4. 系统性金融风险的传播路径呈现非线性特征

系统性金融风险具有很强的外溢性，不仅会波及多个金融产品、机构、市场，而且会冲击政治社会领域。如次贷危机中，房地产次级贷款违约迅速传染到房利美和房地美、投资银行以及保险集团。雷曼兄弟破产后，市场对金融机构失去信心，影响范围迅速扩散至全球，大量与次贷关系不大甚至不相关的金融机构也遭到了冲击。

5. 系统性金融风险的影响是多重的

系统性金融风险造成的影响包括金融市场的动荡、实体经济的冲击、社会财富的受损、金融机构的信任危机，在极端情况下，系统性金融风险可能引发整个经济体系崩溃的风险，甚至可能形成集合效应，严重的还可能引发社会动荡、冲击政权的稳定。因此，防范和化解系统性金融风险对于维护金融稳定、促进经济发展和社会稳定具有重要意义。

（三）把握防范化解系统性金融风险的重要原则

1. 国家利益至上原则

国家利益至上原则意味着在防范化解系统性金融风险的过程中，要始终把维护国家整体利益作为最高准则。要求在制定金融政策、实施金融监管和处置金融风险时，必须站在国家发展的战略高度，全面考虑国家利益、经济安全和社会稳定。要坚决防止金融风险的跨境传染，保护国家金融主权和资产安全，确保国家经济发展的长期利益和整体稳定。

2. 防范为先原则

防范为先原则强调在金融风险管理中，预防工作应置于首位。要立足于早识别、早预警、早发现、早处置，在风险发生前，通过加强风险监测、预警和评估，及时发现并处置潜在风险点。同时，还要建立健全风险隔离机制，防止风险在不同市场和机构之间的传播和扩散。通过提前预防和有效控制，可以最大限度地降低风险发生的概率和影响范围，确保金融体系的稳健运行。

3. 损失最小化原则

损失最小化原则要求在处置金融风险时，力求将损失控制在最小范围内。这需要在风险处置过程中，采取科学、合理、有效的措施，及时切断风险传播链条，防止风险进一步扩大。同时，还要加强风险处置的协调与合作，形成合力，共同应对风险挑战。通过有效的风险管理和处置，可以最大限度地减少损失，保护投资者和消费者的合法权益，维护金融市场的稳定和健康发展。

4. 综合治理原则

综合治理原则强调在防范化解系统性金融风险时，要采取综合施策、多管齐下的方式。这要求不仅要关注金融领域内部的风险问题，还要关注与其他领域的交叉风险；不仅要加强金融监管和制度建设，还要推动金融改革和创新发展；不仅要依靠政府的力量，还要发挥市场和社会的作用。通过综合运用政策、法律、市场等多种手段，形成防范化解系统性金融风险的强大合力，确保金融体系的稳健运行。

（四）做好系统性金融风险防控与应对

习近平总书记强调，要坚持把防控风险作为金融工作的永恒主题，增强忧患意识，做好风险防控，增强金融体系韧性。[①]

1. 坚持党对金融工作的集中统一领导

习近平总书记指出，加强党中央对金融工作的集中统一领导，是做好金融工作的根本保证。必须坚持党中央对金融工作的集中统一领导，发挥党总揽全局、协调各方的领导核心作用，把我们的政治优势和制度优势转化为金融治理效能，确保金融事业始终沿着正确方向前进。

当前，党中央已推进“一行一局一会”（中国人民银行、国家金融监督管理总局、中国证监会）金融监管体制改革的顶层设计。在党中央对金融工作的集中统一领导下，新一轮金融监管体制改革将在机构融合基础上实现业务融合、人员融合、制度革新，确立专门监督机关地位。要发挥好中央金融委、中央金融工委、地方党委金融委和金融工委的作用，把党的领导落实到金融工作各领域各方面各环节。要健全党中央决策部署和习近平总书记关于金融工作的重要指示批示精神的落实督办机制，确保党中央关于金融工作的大政方针和决策部署得到全面贯彻落实。加强金融系统干部人才队伍建设，打造忠诚、干净、担当的金融干部队伍，必须高标准、严要求，坚持“政治过硬、能力过硬、作风

---

① 中共中央党史和文献研究院：《以金融高质量发展助力强国建设、民族复兴伟业——学习〈习近平关于金融工作论述摘编〉》，《人民日报》2024 年 4 月 15 日。

过硬”标准，发现、培养、使用敢担当善作为的干部，提高金融人才队伍纯洁性、专业性、战斗力。

2. 坚持金融以服务实体经济为宗旨

金融作为现代经济的核心，其根本宗旨应始终服务于实体经济。坚持金融以服务实体经济为宗旨，对于防范化解系统性金融风险、促进经济健康稳定发展具有重要意义。习近平总书记在2017年全国金融工作会议上强调：“金融是实体经济的血脉，为实体经济服务是金融的天职，是金融的宗旨，也是防范金融风险的根本举措。”① 金融和实体经济是共生共荣的关系。缺少强健的实体经济支撑，金融繁荣只会是“虚胖”。实体经济是一国的立国之本，也是金融业发展的根基。金融业如果脱离实体经济而自我循环、自我膨胀，过度追求短期利益和高风险收益时，就会导致资产配置失衡和经济泡沫化，严重将引发金融风险，导致金融危机的发生，对经济的平稳运行产生巨大的冲击。古今中外，因金融脱离实体经济带来危机的实例不胜枚举。

金融业的发展要立足于实体经济，回归为实体经济服务的本源。一是要推动金融机构稳健经营，充分发挥其资金中介的作用，为实体经济提供金融产品和服务。二是要规范金融市场发展，维护金融市场秩序，为生产性和服务性金融要素提供市场化交易机制，发挥为实体经济定价和风险分担的作用。三是要全面提升金融服务效率和水平，把更多金融资源配置到经济社会发展的重点领域和薄弱环节，积极支持国家重大战略实施，优先满足国家重点建设项目的资金需求，更好满足人民群众和实体经济多样化的金融需求，有效保护不断积累的社会财富。四是要避免金融风险的负面冲击影响到实体经济，避免金融风险通过信贷等渠道传递到实体经济，形成风险的正反馈效应，进一步对实体经济造成伤

---

① 《习近平著作选读》第1卷，人民出版社2023年版，第614—623页。

害，甚至是造成社会的不稳定。值得提出的是，在强调金融业为实体经济服务的同时，也需要关注到金融业自身的科学发展。坚持金融服务实体经济，不是以牺牲金融业的利益为成本和代价，而是双方通过相互促进，实现共赢，唯有如此才能不断推动我国经济健康持续发展。

3. 加强宏观审慎管理和微观审慎监管

金融是国家经济发展核心竞争力的体现，同样也是高风险的行业。目前，我国金融市场体系还不够完善，相关的法律法规不够健全，对金融创新活动的监管力度不够。一旦风险不断积累与层层传导，则可能演化为金融危机。为了避免系统性金融风险的发生，必须增强金融体系宏观审慎管理和微观审慎监管。

宏观审慎管理主要关注金融体系的整体稳定和系统性风险的防范。其核心在于从宏观经济角度出发，对金融机构和金融市场进行整体性的风险管理和调控。首先，宏观审慎管理需要加强对金融机构的监管力度。这包括对金融机构的资本充足率、流动性、风险管理能力等方面的监管，确保金融机构具备足够的实力和能力来应对潜在风险。同时，监管部门还应加强对金融机构的业务模式和运营状况的监测和分析，及时发现并处置潜在风险点。其次，宏观审慎管理需要关注金融市场的整体风险状况。通过对金融市场的运行状况、价格波动、交易行为等进行实时监测和分析，可以及时发现并预警市场风险。在此基础上，监管部门可以制定相应的政策措施，调整市场运行规则，降低市场风险水平。此外，宏观审慎管理还需要加强与其他宏观经济政策的协调配合。货币政策、财政政策等宏观经济政策对金融市场的稳定具有重要影响。因此，在制定和执行这些政策时，应充分考虑金融市场的反应和风险状况，避免政策冲突和叠加效应。

微观审慎监管则更侧重于对金融机构个体的风险管理和内部控制。通过对金融机构的日常运营和业务的监管，可以确保其合规经营、稳健发展。首先，微观审慎监管需要加强对金融机构的内部控制体系的监督。内部控制是金融机构风险管理的第一道防线。监管部门应要求金融机构建立完善的内部控制体系，包括风险管理制度、内部控制流程、内部监督机制等，确保业务运营的合规性和稳健性。其次，微观审慎监管需要加强对金融机构的业务模式的审查。不同的金融机构有不同的业务模式和风险特征。监管部门应根据金融机构的实际情况，对其业务模式进行深入分析，评估其潜在风险，并制定相应的监管措施。同时，监管部门还应加强对金融机构创新业务的监管，确保其符合法律法规和监管要求。此外，微观审慎监管还需要加强对金融机构的信息披露和透明度要求。信息披露是保障投资者权益、维护市场公平的重要手段。监管部门应要求金融机构及时、准确、完整地披露相关信息，包括财务状况、风险状况、业务运营情况等，以便投资者和监管部门能够充分了解金融机构的风险状况和经营情况。最后，微观审慎监管还需要加强与其他监管部门的协作配合。金融市场的监管涉及多个部门和领域，需要各部门之间密切协作、信息共享。通过加强与其他监管部门的沟通和协作，可以形成监管合力，提高监管效率和准确性。

4. 强化国际金融领域合作与治理

随着经济一体化和金融全球化的不断发展，金融风险也开始在全球范围内蔓延，各国金融市场相互联系，金融交易愈加频繁，如果一国爆发金融危机，很可能会对其他国家的经济金融发展造成“连锁反应”。2008 年次贷危机虽然爆发于美国，但其影响随即在世界各国延伸，最终演化为国际金融危机。此次危机充分表明，加强国际金融领域的合作与治理至关重要。因此，我国应进一步加强国间金融合作，积极融入国际金融组织，努力加强国际金融领域的合作与交流，加强优质金融服务，扩大金融高水平开放，服务好“走出去”和“一带一路”建设，稳慎扎实推进人民币国际化。通过与金融市场较为发达的国家的合作交流，不断提升我国金融产品和金融业务的创新能力，汲取先进的金融发展经验，在深层次上推动金融创新的向前发展，加快增强和完善我国金融市场的功能。此外，通过国际金融领域的合作，可以形成共同的风险防范机制，减少国际金融危机发生的可能性，降低经济危机的传染性，维持国际金融市场的平稳运行。

第三章

让老百姓过上好日子是一切工作的出发点和落脚点

在浩渺的历史长河中，中华民族始终秉持着“民为贵，社稷次之，君为轻”的治国理念。时代在变，但我们对人民的深情厚谊从未改变。今天，站在新的历史起点上，我们更加坚定地认为，“让老百姓过上好日子”不仅是我们一切工作的出发点，更是我们不懈追求的落脚点，它是我们前行的动力，也是我们坚守的初心。因此，我们始终坚持以人民为中心的发展思想，不断深化改革，推动发展，努力让每一个老百姓都能享受到改革发展的红利，都能感受到生活的美好与幸福。

一、中国式现代化是全体人民共同富裕的现代化

党的二十大报告指出，中国式现代化是全体人民共同富裕的现代化。共同富裕是中国特色社会主义的本质要求，是中国式现代化的重要特征，是中国广大人民群众共同的价值追求。中国共产党自成立之日起，始终坚持把为人民谋幸福、为民族谋复兴作为自己的初心使命，坚持发展为了人民、发展依靠人民、发展成果由人民共享，在推进全体人民共同富裕道路上不断谱写人民幸福崭新篇章。

（一）共同富裕是中国广大人民群众自古以来的夙愿

实现共同富裕，自古以来便是人们心中所向往的。无论社会处于哪一个发展阶段，每个人都怀揣着过上富足而美好生活的梦想。这种对共同富裕的追求，横跨古今，贯穿历史长河。无论时代如何变迁，历史如何演进，勤劳而质朴的中国人民始终对“大同社会”与“小康社会”的美好愿景保持着深深的憧憬。追求共同富裕，不仅是中华民族千百年来共同的夙愿，更是深深烙印在每一个中国人内心深处的精神情怀。这份情怀，既是对物质富足的向往，也是对社会和谐、公平正义的期盼。它激励着一代又一代中国人不懈奋斗，为实现共同富裕的梦想而努力拼搏。

贫穷困苦是社会的顽疾，共同富裕是最大的民生。共同富裕是一种民生理念，追求共同富裕彰显了人民群众积极向上的生活态度。在中国人的传统观念里，对于社会形态和生活场景的向往与追求，自古以来便深植于民族血脉之中。其中，“大同社会”与“小康社会”便是最为人们所憧憬的两种理想状态，人们深信最美好的社会形态、最美好的生活

场景就是“大同社会”与“小康社会”，就是《礼记·礼运》中所描绘的“老有所终，壮有所用，幼有所长，矜寡、孤独、废疾者皆有所养”的理想社会，就是《诗经·大雅·民劳》所描绘的“民亦劳止，汔可小康；惠此中国，以绥四方”的和谐社会。

然而这一共同理想在以往历史发展过程中难以得偿所愿。春秋战国时期，常年战乱导致大量楚国百姓食不果腹，生活艰难，屈原发出了“长太息以掩涕兮，哀民生之多艰”的无奈哀叹；唐朝由盛转衰时期，农民艰苦劳作，“锄禾日当午，汗滴禾下土”的结果仍旧是“四海无闲田，农夫犹饿死”。中国古代民众对“共同富裕”的美好生活可望而不可即。治国之道，富民为始。中国历史上无数先贤对“共同富裕”的社会作了极致的美好描绘，对实现共同富裕作出了路径规划。孔子强调要恢复周礼，“正君臣”“笃父子”“睦兄弟”“和夫妇”，恢复大道之行时期的有序和谐。管子强调“治国之道，必先富民”，主张“善为国者，必先富民，然后治之”，具体要厚民养、省刑罚、薄赋敛。孟子强调要“易其田畴，薄其税敛，民可使富也”，坚持以民为本、实现富民。此后中国古代统治者就将共同富裕、民本思想作为治国理政思想理念的重要元素和施政方略。

但是封建社会时期的“仁德”只是口号，本质仍旧是压迫压榨，广大民众只能通过暴力反抗去表达对“共同富裕”的诉求。秦朝末期陈胜、吴广以“王侯将相宁有种乎”的旗号起义，高喊“苟富贵，无相忘”，这是最质朴的共同富裕号召。东汉末年，社会动荡不安，百姓生活在水深火热之中。那时，徭役兵役繁重，人民负担沉重，民不聊生。正是在这样的历史背景下，黄巾军应运而生。他们高举“苍天已死，黄天当立，岁在甲子，天下大吉”的旗帜，以“致太平”为目标，揭竿而起，掀起了一场波澜壮阔的农民起义。明朝末年，社会动荡不安，民生凋敝。在这样的背景下，以李自成为首的农民起义军应运而生，他们公然打出“均田免粮”的旗号，号召广大贫苦百姓共同反抗封建统治，追求更加公平、合理的生活。对于底层的百姓而言，美好生活的衡量标准并没有过多的条条框框，他们简单而直接地将其定格在“均田”二字之上。在他们心中，土地是生存的根本，是生活的保障。因此，能够拥有属于自己的土地，成为他们最迫切、最直接的愿望。晚清爆发的太平天国运动作为中国历史上农民战争的高峰，希冀建立“有田同耕，有饭同食，有衣同穿，有钱同使，无处不均匀，无人不饱暖”的理想社会，以法定的形式首次将实现共同富裕写在了《天朝田亩制度》当中。及至近代，孙中山领导的资产阶级民主革命坚持“三民主义”原则，致力于反对压迫、解放社会、富国强民，推翻了清王朝的统治，一定程度上松绑了人民群众身上的枷锁，但是胜利果实被袁世凯窃取，以三民主义为遵循的社会终究成为“空想”。

共同富裕是几千年来我国广大民众的根本诉求，但是由于生产力水平的制约和阶级矛盾的束缚，人民群众主体地位得不到确立，共同富裕的理想在旧中国就不会也不可能实现。中国共产党的诞生给中国广大人民群众带来了光明与希望，打破了国家遭难、民族蒙辱、人民困苦的历史困局。这一开天辟地的大事变，深刻改变了近代以后中华民族发展的方向和进程，也深刻改变了中国人民和中华民族的前途和命运。没有共产党，就没有新中国。只有中国共产党才能救中国，只有中国共产党才能发展中国，只有中国共产党才能强盛中国。自从有了中国共产党，人民群众才有了主心骨，中华民族才迎来了从站起来、富起来到强起来的历史性飞跃，经过百年奋斗才开辟出了新时代共同富裕的康庄大道。

（二）实现共同富裕是中国共产党人不懈的追求

实现共同富裕不仅是一个经济问题，也是民生问题，更是关系一个政党执政基础的重大政治问题。一个政党如果不能以人民群众对美好生活的向往为奋斗目标，丧失了团结带领广大人民群众追求共同富裕的前进动力，这个政党就会被人民群众抛弃，执政地位就会岌岌可危。为什么人的问题，是检验一个政党、一个政权性质的试金石。

综观近代以来世界历史，西方并没有提供实现共同富裕的成功范本。虽然现代化进程几乎与西方工业文明相伴而生，西方资本主义促进了生产力的极大发展，用短暂的时间便创造了几千年封建社会难以企及的财富，助推资产阶级政党在一定程度上改善了人民群众生活条件，提升了人民群众生活水平。在资产阶级美化下，一个个“幸福国度的童话故事”收获了诸多落后国家的羡慕。然而，细致审视近代以来西方资本主义国家发展，空想社会主义的出现及其失败直接揭开了资本主义社会的“假面”。马克思在深刻揭露资本主义剥削的秘密之后，对理想社会美好生活的场景作出了简单的描述，“随自己的兴趣今天干这事，明天干那事，上午打猎，下午捕鱼，傍晚从事畜牧，晚饭后从事批判”①。距离马克思生活的年代已经过去140多年了，资产阶级掌舵的西方资本主义国家没有继续推出“童话故事2”“童话故事3”等续集，数次经济大危机把民众对共同富裕生活的向往打击得支离破碎，商品大量积压、生产锐减、工厂大批倒闭、民众大量失业、贫富分化愈发严重，无不证明了“童话里都是骗人的”。西方资产阶级政党鼓吹“普世价值”，但是西方追求的“共同富裕”却不是普罗大众的共同富裕。资产阶级永远不会违背为自身谋利益的“初心”，不会舍弃为自身谋幸福的“使命”，富者愈富，穷者愈穷，这才是西方资本主义社会的真实写照。正如习近平总书记所指出的：“一些发达国家工业化搞了几百年，但由于社会制度原因，到现在共同富裕问题仍未解决，贫富悬殊问题反

① 《马克思恩格斯文集》第1卷，人民出版社2009年版，第537页。

而越来越严重。”①

国以民为本，社稷亦为民而立。只有为了广大人民群众的根本利益奋斗，才能赢得民心，执政才有价值，执政地位才会牢固。中国共产党自成立之日起，100 多年来始终把为人民谋幸福、为民族谋复兴作为自己的初心使命，把实现共同富裕作为矢志不渝的奋斗目标和追求。中国共产党勇担历史使命，团结带领中国人民为开创美好生活一路披荆斩棘，推翻了压在中国人民头上的帝国主义、封建主义、官僚资本主义这三座大山，洗刷了民族百年屈辱，建立了新中国，为人民群众摆脱贫困创造了先决条件。新中国成立后，我们完成了社会主义革命，确立了社会主义制度，坚持把解决人民日益增长的物质文化需要同落后的社会生产之间的矛盾作为工作重点，为中国富起来奠定了基础，为人民群众摆脱贫困创造了基础条件。改革开放以来，在中国共产党的坚强领导下，大力发展经济、改善民生，广大人民群众的生活发生了翻天覆地的变化。经济腾飞带来了物质生活的极大丰富，人们从温饱走向小康，消费结构持续升级，对品质生活的追求日益增长。教育体系的改革让更多人享受到优质教育，科技创新则让生活更加便捷。城市化进程加速，人们的居住条件得到显著改善。文化多样性使得精神生活更加丰富多彩，休闲娱乐方式也变得多样化。中国人民盼望的“小康”成为现实！

一部中国史，也是一部中华民族同贫困作斗争的历史，也是中华民族追求共同富裕的奋斗史，实现人民群众的共同富裕是中国共产党人不懈的追求。小康不小康，关键看老乡，关键在“不能落下一个贫困地区、一个贫困群众”。在以习近平同志为核心的党中央坚强领导下，在习近平新时代中国特色社会主义思想科学指引下，中华民族向实现共同富裕“硬骨头”发起进军——全面建成小康社会，实现脱贫攻坚。党

① 习近平：《扎实推动共同富裕》，《求是》2021 年第 20 期。

的十八大以来，以习近平同志为核心的党中央把脱贫攻坚纳入“五位一体”总体布局、“四个全面”战略布局，把精准脱贫作为三大攻坚战之一进行全面部署，开展精准扶贫，实行“六个精准”“五个一批”，锚定全面建成小康社会目标，决战决胜脱贫攻坚。经过8年攻坚，2021年2月25日，习近平总书记在全国脱贫攻坚总结表彰大会上庄严宣告：“经过全党全国各族人民共同努力，在迎来中国共产党成立一百周年的重要时刻，我国脱贫攻坚战取得了全面胜利，现行标准下9899万农村贫困人口全部脱贫，832个贫困县全部摘帽，12.8万个贫困村全部出列，区域性整体贫困得到解决，完成了消除绝对贫困的艰巨任务。”①

江山就是人民，人民就是江山。共同富裕是中国特色社会主义的本质要求和根本原则，让老百姓过上好日子是中国共产党执政的根本动力。中国取得了脱贫攻坚、全面建成小康社会的最终胜利，这是中国共产党带领中国人民在实现共同富裕道路上创造的又一个彪炳史册的人间奇迹，为实现共同富裕奠定了坚实基础。相信在以习近平同志为核心的党中央坚强领导下，亿万中华儿女在追求共同富裕道路上定能战胜一系列严峻挑战，创造新的历史伟业，向着强国建设、民族复兴的新的伟大征程昂扬奋进!

（三）“两个决不能”奏响实现共同富裕最强音

幸福生活是奋斗出来的，而不是平均出来的。共同富裕是社会主义的本质要求，是中国式现代化的重要特征，是全面建成社会主义现代化强国的基本目标。习近平总书记强调：“随着我国全面建成小康社会、开启全面建设社会主义现代化国家新征程，我们必须把促进全体人民共同富裕摆在更加重要的位置，脚踏实地，久久为功，向着这个目标更加

---

① 习近平：《在全国脱贫攻坚总结表彰大会上的讲话》，《人民日报》2021年2月26日。

积极有为地进行努力。”①

中国式现代化是全体人民共同富裕的现代化。然而这并不意味着全体人民同时同步实现富裕。西方圣西门、傅立叶、欧文等空想社会主义的代表以“实验”的形式验证了“平均财富”带来不了共同富裕，太平天国的“均田”举措也无法实现脱贫共富愿望，加速迈进共产主义社会的人民公社化运动初期“大锅饭”吃得香甜，短暂过后也终成一片狼藉。元末明初，万户手持风筝坐在绑着炸药的椅子上尝试飞天，落得粉身碎骨的凄惨下场，而如今杨利伟、费俊龙、刘洋、王亚平等宇航员可以乘坐神舟飞船升入太空尽情拍摄地球全景，嫦娥 1 号、嫦娥 2 号、嫦娥 3 号、嫦娥 4 号等也都成功实现探月。正如俗语所言，一口吃不成一个胖子，实现共同富裕要循序渐进，不能违背社会发展规律、生产力与生产关系的矛盾运动规律。

习近平总书记强调，“我国正处于并将长期处于社会主义初级阶段，我们不能做超越阶段的事情”②。追求共同富裕不能脱离社会发展的现实境遇，实现共同富裕离不开生产力的极大发展、生产关系的不断完善、生产要素的共同参与。巧妇难为无米之炊，没有现实的食材，即便是设想得再完美也无法做出美味蛋糕供群众实用。随着社会的发展，随着社会矛盾的转变，人民群众对富裕的认识和理解越来越深刻，对富裕生活的要求越来越具体，已经脱离了一味地追求物质层面的生存需要，而是追求物质与精神的极大满足和共同富裕。历史证明，实现共同富裕的前提是发展，发展是硬道理，发展是解决一切问题的根本出路，只有千方百计解放生产力、发展新质生产力，激发一切创造性，实现高

① 习近平：《关于〈中共中央关于制定国民经济和社会发展第十四个五年规划和二〇三五年远景目标的建议〉的说明》，《人民日报》2020 年 11 月 4 日。

② 习近平：《在省部级主要领导干部学习贯彻党的十八届五中全会精神专题研讨班上的讲话》，《人民日报》2016 年 5 月 10 日。

质量发展，将社会财富的“蛋糕”制作得足够大、足够好，才能为实现共同富裕创造“分配条件”，才能实现人人有获得感、满足感、幸福感。

“做大蛋糕”之后，“分好蛋糕”才是关键。古语有云，不患寡而患不均。习近平总书记强调：“我们决不能允许贫富差距越来越大、穷者愈穷富者愈富，决不能在富的人和穷的人之间出现一道不可逾越的鸿沟。”① 2023 年 2 月中国外交部发布的《美国贫富分化持续恶化的事实真相》指出：“20 世纪 70 年代以来，美国收入不平等和财富悬殊程度日益加深，出现‘富者愈富、贫者愈贫’和‘中产阶级遭挤压’的严重现象，这一趋势至今仍在延续。”“1% 的最富裕家庭占有超过 20% 的家庭总财富，这一比例在近年来还在显著增加。”“2020 年的贫困率达 11.4%，比 2019 年的 10.5% 上升了 0.9 个百分点。目前，美国仍有 3700 万人生活在贫困线以下。”② 美国号称梦想国度，但是新冠疫情中特朗普政府的所作所为彻底揭开了资产阶级政党执政的遮羞布，再光鲜的面纱也遮掩不住贫富分化的冷酷现实。资本主义国家发展的根本目的不是为了广大人民的共同富裕，而只是为了资产阶级这一特定群体的富裕，至于普罗大众的根本利益，在特朗普等政客的眼中则不值一提。

实现高质量发展，更要坚持高质量分配。改革发展搞得成功不成功，最终的判断标准是人民是否共同享受到了改革发展成果。在推进强国建设、民族复兴的新征程上，中国共产党领导团结广大人民群众追求的发展是造福全民的发展，追求的富裕是全体人民的共同富裕，绝不是少数人的个体富裕。中国共产党始终坚持发展为了人民、发展依靠人

---

① 习近平：《把握新发展阶段，贯彻新发展理念，构建新发展格局》，《求是》2021 年第 9 期。

② 中华人民共和国外交部：《美国贫富分化持续恶化的事实真相》，外交部网站，https：//www. mfa. gov. cn/wjbxw_ new/202302/t20230224_ 11030966. shtml。

民、发展成果由人民共享，通过一系列有力举措，传递出鲜明信号：从坚定践行“房住不炒”原则，到严防经济“脱实向虚”；从坚定维护基本医疗卫生事业的公益属性，到坚决强化反垄断监管、遏制资本无序扩张……始终致力于确保全体人民共享发展成果，实现了共建共享，人民生活全面小康，完成了第一个百年奋斗目标；实现了老有所养、困有所助，建成了世界上规模最大的社会保障体系；实现了幼有所育，优生优育事业全面发展；实现了病有所医，建起了世界上最大的基本医疗保障体系；实现了学有所教，建成了世界上规模最大的教育体系……通过采取一系列有力措施，我们成功实现了民生的持续改善，坚决打赢了脱贫攻坚战，并实现了全面建成小康社会的伟大目标。这些成就不仅提升了人民群众的生活水平，更为我们扎实推动共同富裕奠定了坚实的基础。

实现共同富裕是一个宏伟而长远的目标，它并非一蹴而就的易事，而是需要经过长期的努力和不懈的奋斗方能达成的崇高理想。共同富裕是中国特色社会主义的本质要求，也是一个长期的历史过程。习近平总书记指出要深入研究不同阶段的目标，分阶段促进共同富裕：到“十四五”末，全体人民共同富裕迈出坚实步伐，居民收入和实际消费水平差距逐步缩小；到 2035 年，全体人民共同富裕取得更为明显的实质性进展，基本公共服务实现均等化；到本世纪中叶，全体人民共同富裕基本实现，居民收入和实际消费水平差距缩小到合理区间。当前，我国发展不平衡不充分的问题依然显著，这是在现有生产力水平下的客观现实。存在适度的差距是正常现象，不同人群实现富裕的程度和时间都会有所差异，不同地区的富裕程度也会存在一定差距。共同富裕的实现，是一个循序渐进、螺旋上升的过程，它从低层级逐步迈向高层级，从量变逐渐积累到质变，从局部循序扩展至全局。实现共同富裕，对于一个拥有近世界五分之一人口的大国而言，是一项前所未有、具有历史意义的重要任务。新时代新征程上，有以习近平同志为核心的党中央的坚强领导，以及习近平新时代中国特色社会主义思想的科学指引，中国共产党必将团结带领全国各族人民共同迈向共同富裕的辉煌未来！

二、实现美丽中国梦必须抓好后继有人根本大计

习近平总书记指出："今天，我们比历史上任何时期都更接近、更有信心和能力实现中华民族伟大复兴的目标。"[①] 实现中华民族伟大复兴，关键在党，关键在人，关键在于教育引导一代又一代有为青年肩负起推进中国特色社会主义建设事业、实现中华民族伟大复兴的历史重任，培养造就一批批对党和人民忠诚可靠，堪当强国建设、民族复兴重任的接班人。

（一）要想让老百姓过上好日子必须抓好教育

纵观历史，教育兴则国兴，教育强则国强，教育事关国家发展、事关民族未来、事关人民安居乐业。历史和现实雄辩地证明：教育落后人才匮乏，就会落后，就要挨打，就会导致老百姓过上饱受煎熬的苦日子。一个有希望的民族、一个有前途的国家必然高度重视教育，高度重视人才培养。全面建设社会主义现代化国家、实现中华民族伟大复兴，必须抓好教育。

党的二十大报告指出："从现在起，中国共产党的中心任务就是团结带领全国各族人民全面建成社会主义现代化强国、实现第二个百年奋斗目标，以中国式现代化全面推进中华民族伟大复兴。"在全球变革与

① 习近平：《高举中国特色社会主义伟大旗帜　为全面建设社会主义现代化国家而团结奋斗——在中国共产党第二十次全国代表大会上的报告》，《人民日报》2022 年 10 月 26 日。

历史进步的汹涌波涛中，世界强国的更迭变迁如潮水般涌动，此起彼伏，不断演进。教育是国家发展的基石，世界强国无一不是教育强国。在审视世界各国经济滞后、社会贫穷混乱的现象的同时，我们不可避免地会提及一个关键词：落后的教育！这些国家往往在教育领域存在显著的短板，导致人才匮乏、创新能力不足，进而制约了经济社会的健康发展。人才资源对经济社会发展的重要性日益凸显，其作为第一资源的特征和作用愈发显著。当前，人才竞争已经成为衡量综合国力竞争的核心要素。国家之间的人才优势将直接决定其实力优势，拥有更多优秀人才的国家将在国际竞争中占据更有利的地位。因此，培养和吸引优秀人才成为各国竞相努力的方向，综合国力竞争的实质最终归结为人才之间的较量。

人才之间的较量实际上就是教育的竞争，欲兴一国，必先兴一国之教育。2019 年 5 月 26 日，央视新闻《面对面》节目播出了一期专访，嘉宾为华为创始人兼 CEO 任正非。任正非在访谈中表示："我关心教育不是关心华为，是关心我们国家。如果不重视教育，实际上我们会重返贫穷的。因为这个社会最终要走向人工智能的，因为你可以参观一下我们的生产线，20 秒钟一部手机从无到有，基本上没有什么人。未来我们几百条上千条的生产线完全是自动化的，所以我们的人的文化素质不够，至少你没受过大专或者大学以上的教育，你的英文也不好，计算机也不好，做工人的机会都不存在。从我们公司的缩影就要看到国家，放大来看国家，国家也要走向这一步，否则国家是没有竞争力的。"教育是打破贫穷与混乱的恶性循环、实现国家繁荣进步的关键所在。

治国之道，富民为始；富民之道，教民为要。教育也是人民群众过上好日子的重要保障。2023 年 5 月，习近平总书记在二十届中央政治局第五次集体学习时强调，建设教育强国，"是促进全体人民共同富裕的有效途径"，要"以教育之力厚植人民幸福之本，以教育之强夯实国家富强之基，为全面推进中华民族伟大复兴提供有力支撑”①。党的十八大以来，以习近平同志为核心的党中央始终坚守教育是党和国家重大战略的信念，果断决策，加快教育现代化步伐，致力于建设教育强国。这一战略决策推动了新时代教育事业取得具有里程碑意义的成就，并促使教育格局发生深刻变革。在此期间，国家财政性教育经费支出占国内生产总值的比例稳定保持在4%以上，已长达10年之久。2022年全国教育事业发展统计公报数据显示，全国共有各级各类学校51.85万所，各级各类学历教育在校生2.93亿人。各级教育的普及程度不仅达到了中高收入国家的平均水平，甚至在某些领域已经实现超越。我国已建成世界上规模最大的教育体系，教育现代化发展总体水平跨入世界中上国家行列。这些令人瞩目的数字，不仅见证了中国教育事业的非凡发展历程，更描绘出一幅幅生动的画面：知识如何改变个人的命运，教育如何为每个人创造更美好的生活。

全国人大代表、杭州技师学院教师杨金龙，依靠职业教育从云南大山走到第43届世界技能大赛汽车喷漆项目冠军的领奖台，从家庭拮据的农村小伙成为世界技能大赛国家级教练，改变了自己的命运和生活，呈现了“学好一门技术，找到好工作，过上更好的生活”的现实案例。教育是阻断贫困代际传递、迈向共同富裕的坚实支柱；同时，它也是推动产业迭代升级、社会财富积累的关键“催化剂”。通过教育，能够打破贫困的恶性循环，让每一代人都有机会通过知识和技能改变自己的命运，从而实现社会的共同富裕。要达成共同富裕的目标，提升劳动者素质是不可或缺的一环，而要有效提高劳动者素质，则必须依赖于教育的力量。在世界百年未有之大变局中，在应对新一轮科技革命和产业变革

① 《加快建设教育强国　为中华民族伟大复兴提供有力支撑》，《人民日报》2023年5月30日。

所催生的发展需求时，防止新脱贫群体返贫、缩小收入差距、改善就业形势等任务愈发紧迫。为实现这些目标，教育的高质量发展显得尤为重要，它将为共同富裕提供强大的支撑和赋能，为社会的持续繁荣奠定坚实基础。

再苦不能苦孩子，再穷不能穷教育。要想让老百姓过上好日子，无论如何都不能冷落教育、忽视教育的重要性。习近平总书记强调，“两个一百年”奋斗目标的实现、中华民族伟大复兴中国梦的实现，归根到底靠人才、靠教育。“建设教育强国，是全面建成社会主义现代化强国的战略先导，是实现高水平科技自立自强的重要支撑，是促进全体人民共同富裕的有效途径，是以中国式现代化全面推进中华民族伟大复兴的基础工程。”① 优质的教育是通往美好生活的必经之路。办好人民的满意的教育，才能推动人民群众过上好日子，才能满足人民群众对美好生活的向往，才能为实现“两个一百年”奋斗目标、实现中华民族伟大复兴中国梦奠定坚实的基础。

（二）实现中华民族伟大复兴必须抓好后继有人

党的十八大以来，习近平总书记反复强调，实现中华民族伟大复兴，坚持和发展中国特色社会主义，关键在党，关键在人。② 党的十九届六中全会通过的《中共中央关于党的百年奋斗重大成就和历史经验的决议》指出，“党和人民事业发展需要一代代中国共产党人接续奋斗，必须抓好后继有人这个根本大计”。在世界百年未有之大变局中，党和国家事业取得历史性成就、发生历史性变革，强国建设和民族复兴

---

① 《加快建设教育强国　为中华民族伟大复兴提供有力支撑》，《人民日报》2023 年 5 月 30 日。

② 《切实贯彻落实新时代党的组织路线　全党努力把党建设得更加坚强有力》，《人民日报》2018 年 7 月 5 日。

伟业已经进入到关键阶段、紧要关头，只有抓好后继有人这个根本大计，源源不断培养堪当强国建设、民族复兴重任，德智体美劳全面发展的可靠接班人，才能为实现中华民族伟大复兴提供坚强有力的人才保障。

2021 年，习近平总书记在庆祝中国共产党成立 100 周年大会上的重要讲话中指出：“一百年来，中国共产党团结带领中国人民，以‘为有牺牲多壮志，敢教日月换新天’的大无畏气概，书写了中华民族几千年历史上最恢宏的史诗。这一百年来开辟的伟大道路、创造的伟大事业、取得的伟大成就，必将载入中华民族发展史册、人类文明发展史册！”① 100 多年来中国共产党团结带领全国各族人民取得了新民主主义革命的伟大成就、社会主义革命和建设的伟大成就、改革开放和社会主义现代化建设的伟大成就，以及新时代中国特色社会主义的伟大成就，实现了第一个百年奋斗目标，在中华大地上全面建成了小康社会。现在，我们比历史上任何时期都更接近中华民族伟大复兴的目标，比历史上任何时期都更有信心、有能力实现这个目标。

培养什么样的人，是教育的首要问题。中华民族迎来了从站起来、富起来到强起来的飞跃，正是以行动证明理想信念无比坚定的李大钊，坚定“为中华之崛起而读书”的周恩来，矢志报国的科学家钱学森、黄旭华，人民的好公仆焦裕禄、牛玉儒，把为祖国富强、民族振兴、人民幸福贡献力量作为毕生追求的黄大年，献身教育扶贫、点燃大山女孩希望的张桂梅等一代代优秀爱国爱党的先辈浴血奋战、无私奉献的结果。千秋基业，来之不易、辉煌无比；千秋基业，人才为本、育人为要。历史雄辩地证明，事业接班人很重要！秦始皇嬴政首次实现了中国的大一统，其历史功绩让他获得“千古一帝”美称，而秦二世胡亥在

---

① 习近平：《在庆祝中国共产党成立 100 周年大会上的讲话》，《人民日报》2021 年 7 月 2 日。

接班秦朝事业后，却实行残酷统治，这导致了民众的不满和反抗。最终，陈胜吴广起义的爆发，使得秦始皇辛勤劳作所建立的秦帝国，在短短 14 年的时间内便走向了覆灭。隋文帝杨坚，以隋代周，终结了南北之纷争，开创了开皇盛世，政绩斐然，为后世所传颂。然而其继任者隋炀帝杨广，沉溺于奢华享乐，致使天下大乱，终使隋王朝家业短短 37 载便覆灭于其手。晋武帝司马炎，作为西晋的开国君主，其执政期间致力于政治革新，推行法治，振兴经济，成功实现了国家的统一，为后世留下丰功伟绩。然而，其子晋惠帝司马衷，却因智力有限而被世人称为“白痴皇帝”，无法胜任皇帝之职，导致八王之乱爆发，一句“何不食肉糜”成为千古笑柄。可见，家大业大更要注重培养接班人，抓好后继有人这个根本大计。

“帝国主义亡我之心不死”不只是历史，更是现实。在计算机、大数据、自媒体高速发展的今天，反华敌对势力不遗余力在互联网领域、教育领域向我们的青年兜售西方政治观点、唱衰中国前途、歪曲中国历史、抹黑中国道德、撕裂中国社会，开展青年争夺战。早在 20 世纪 50 年代初，美国中情局便精心策划了《十条诫令》，其中明确提出了“利用物质诱惑腐蚀青年，诱导他们轻视甚至公开反对所受的传统思想教育”的策略。个别经不住魅惑的青年沦为了敌对势力攻击中国的工具。

许可馨，一名中国药科大学的本科毕业生，毕业后选择了出国留学。这本是一个拓展视野、丰富人生的好机会，但她并未珍惜这段留学经历，反而摒弃了爱国思想与民族情怀，甚至在公共平台上发表不当言论。2020 年新冠疫情暴发，国内医护人员义无反顾地前往支援，她却在社交媒体上歪曲事实，替反华势力摇旗呐喊。面对国人的质疑与批评，许可馨并未表现出丝毫的悔意，反而态度傲慢，对网友进行谩骂，让国人备感愤怒与失望。2017 年 5 月 21 日，在夏季马里兰大学毕业典礼中，杨舒平，这名来自云南的优秀学子，作为留学生代表上台发言。

然而她在发言中竟然公开侮辱祖国，声称自己的故乡云南空气污浊，需要每日佩戴口罩，而来到美国后，这里的空气却清新宜人，仿佛带有甜意，完全无须再受口罩之困。这种崇洋媚外的行为丑陋不堪，令人不齿。忘记历史等于背叛。国科大毕业生季子越，从小就是学霸，所以考入了中国科学技术大学，与我国享有崇高声誉的“两弹一星”元勋于敏、荣获国家最高科技奖的吴文俊与王选，以及新中国科学界的重要奠基人华罗庚成为“校友”。然而，季子越的思想却与这些杰出的校友们背道而驰。在他眼中，美国是“自由开放的天堂”，日本则是文明和礼仪“最好”的国家。2020 年 6 月，季子越在网上发表一些辱华言论，在言语中尽是对南京大屠杀这件历史事实的不屑，并在配图上写道：“南京是日本的南京。”这种极端错误的言论立即引起了广大人民的愤慨和憎恨。他的行为严重伤害了中国人民的民族感情，违背了社会公德和道德规范。

我们的教育是要“培养社会主义建设者和接班人”，“培养担当民族复兴大任的时代新人”。在全国教育大会上，习近平总书记鲜明指出：“我们的教育绝不能培养社会主义破坏者和掘墓人，绝不能培养出一些‘长着中国脸，不是中国心，没有中国情，缺少中国味’的人！”① 偏离了这个方向，教育出来的就是“废品”“残次品”。立德树人，作为教育之根本基石，其重要性不言而喻。中国是社会主义国家，教育肩负着培养德智体美劳全面发展的社会主义建设者和接班人的重大使命，这是推进强国建设、民族复兴的核心所在。抓实抓好后继有人，牢记“为党育人、为国育才”使命不仅关乎国家未来的繁荣昌盛，更与民族的兴衰荣辱紧密相连，是我们必须明确并坚定不移地把握的大是大非问题。

---

① 《习近平著作选读》第 2 卷，人民出版社 2023 年版，第 195 页。

（三）建设教育强国必须始终坚持党的全面领导

习近平总书记在2023年5月29日二十届中央政治局第五次集体学习时强调指出："建设教育强国，是全面建成社会主义现代化强国的战略先导，是实现高水平科技自立自强的重要支撑，是促进全体人民共同富裕的有效途径，是以中国式现代化全面推进中华民族伟大复兴的基础工程。"① 中国共产党是中国式现代化的坚强领导核心，也是中国特色社会主义教育事业发展的坚强领导核心。只有坚持党对教育工作的全面领导，才能坚持教育为人民服务、为中国共产党治国理政服务、为巩固和发展中国特色社会主义制度服务、为改革开放和社会主义现代化建设服务，才能培养德智体美劳全面发展的社会主义建设者和接班人。

100多年来，在中国共产党的坚强领导下，我国教育事业历经沧桑巨变，彻底摆脱了基础薄弱、整体滞后的困境。从新中国成立时高达80%的文盲率，到21世纪初成功扫除青壮年文盲的壮举，我国仅用了短短几十年便摘掉了"文盲大国"的帽子。自改革开放初期，小学教育逐渐普及，至1986年《中华人民共和国义务教育法》的颁布，再到2011年九年义务教育的全面实现，我们仅用30余载便走完了发达国家百余年的义务教育普及历程。与此同时，高等教育也取得了飞跃式发展，从新中国成立初期在校人数寥寥无几，到21世纪初高等教育进入大众化阶段，再到如今在学总规模逾4000万人，毛入学率超五成，我国高等教育已迈入国际公认的普及化阶段。在中国共产党的不懈努力下，全体人民的思想道德和科学文化素质显著提升，"十三五"末期，劳动年龄人口的平均受教育年限已达10.8年，截至2021年3月底，我

① 《加快建设教育强国　为中华民族伟大复兴提供有力支撑》，《人民日报》2023年5月30日。

国新增劳动力的平均受教育年限更是高达 13.8 年，实现从人口大国向人力资源大国的历史性转变，正阔步迈向人力资源强国。特别是党的十八大以来，我国教育取得了举世瞩目的历史性成就与变革。教育的中国特色日益鲜明，教育现代化步伐加速，人民群众的教育获得感显著增强。各级教育的普及程度均已达到或超越中高收入国家的平均水平，教育总体发展水平已跃居世界中上行列，国际影响力亦日益提升。

党的十八大以来，以习近平同志为核心的党中央始终坚持把教育摆在优先发展的战略位置，优先保障并不断扩大教育投入。国家财政性教育经费支出占国内生产总值比例连续 11 年“不低于 4%”，强有力的经费投入有力保障了世界最大规模教育体系。2023 年 7 月，国新办举行“权威部门话开局”系列主题新闻发布会，教育部部长怀进鹏介绍，目前我国已建成世界上规模最大的教育体系，教育现代化发展总体水平跨入世界中上国家行列，为教育强国建设打下了坚实的基础。习近平总书记在二十届中央政治局第五次集体学习时的讲话中指出：“党的十八大以来，党中央坚持把教育作为国之大计、党之大计，作出加快教育现代化、建设教育强国的重大决策，推动新时代教育事业取得历史性成就、发生格局性变化。我国已建成世界上规模最大的教育体系，教育现代化发展总体水平跨入世界中上国家行列。据测算，我国目前的教育强国指数居全球第 23 位，比 2012 年上升 26 位，是进步最快的国家。”①

实践已经充分证明，中国特色社会主义教育发展道路是完全正确的。坚持党对教育事业的全面领导，是我们开展教育工作最为宝贵且至关重要的经验。这一坚持，不仅构成了我们最显著的政治优势，更是决定教育事业旗帜方向、发展道路的根本所在。它深刻影响着教育事业的

① 《加快建设教育强国 为中华民族伟大复兴提供有力支撑》，《人民日报》2023 年 5 月 30 日。

走向和成效，关乎我们举什么样的旗、走什么样的路这一重大问题。我们要建设的教育强国，是中国特色社会主义教育强国，我们的教育事业始终在党的坚强领导下发展壮大，是具有鲜明中国特色社会主义属性的教育事业；我们的学校是在党的全面领导下成长起来的，是承载着中国特色社会主义精神内涵的学校。党的领导，作为中国特色社会主义教育事业持续前进的最大政治优势，为我们办好具备中国特色、达到世界先进水平的现代教育提供了根本的政治保障。

党的二十大报告强调，“高质量发展是全面建设社会主义现代化国家的首要任务”，“教育、科技、人才是全面建设社会主义现代化国家的基础性、战略性支撑。必须坚持科技是第一生产力、人才是第一资源、创新是第一动力，深入实施科教兴国战略、人才强国战略、创新驱动发展战略，开辟发展新领域新赛道，不断塑造发展新动能新优势”。习近平总书记指出：“当今世界，新一轮科技革命和产业变革深入发展，围绕高素质人才和科技制高点的国际竞争空前激烈。我国在建设教育强国上仍存在不少差距、短板和弱项，实现从教育大国向教育强国的跨越依然任重道远。”[①] 当下，世界正处于百年未有之大变局的加速演进之中，我们正处在由教育大国向教育强国飞跃的关键时期，必须毫不动摇坚持党对教育事业的全面领导，始终心怀“国之大者”，坚持教育优先发展，加快建设高质量教育体系，全面提升教育服务高质量发展的能力，在深化改革创新中激发教育发展活力，不断增强我国教育的国际影响力，培养高素质教师队伍，不断健全党对教育工作全面领导的体制机制，才能不断满足人民群众对“更好的教育”的期盼，才能更好培育未来实现中华民族伟大复兴中国梦的主力军，才能为实现中华民族伟大复兴提供坚强政治保障和有力人才支撑。

① 习近平：《扎实推动教育强国建设》，《求是》2023 年第 18 期。

三、做好普惠性、基础性、兜底性民生建设

在推进社会主义现代化建设的伟大征程中，民生问题始终是社会发展的核心关切。我们深知，普惠性、基础性和兜底性民生建设，不仅是国家繁荣稳定的基石，更是人民幸福生活的保障。普惠性民生建设，意味着我们要确保公共服务惠及每一个人，让每一个人都能享受到公平的教育、医疗、社保等基本权益。基础性民生建设，则是要夯实社会发展的根基，为人民群众提供稳定的社会环境和良好的发展条件。而兜底性民生建设，则是要特别关注那些生活困难、需要特别扶持的群体，确保他们的基本生活需求得到满足。因此，我们必须坚持以人民为中心的发展思想，不断改善和保障民生，让改革发展成果更多更公平惠及全体人民，共同绘就幸福生活的美好画卷。

（一）普惠性教育：确保每个孩子都有平等受教育的机会

教育，作为国家繁荣、民族振兴的基石，承载着塑造未来、传承文明的重要使命。而在教育的宏大画卷中，普惠性教育则是其中最亮丽的色彩，它强调的是每个孩子都应享有平等受教育的机会，不受家庭背景、经济条件和社会地位的限制。

普惠性教育不仅是一项基本人权，也是社会公正和进步的重要标志。它要求我们在教育资源分配上坚持公平原则，确保每个孩子都能站在同一起跑线上，享受优质的教育资源和服务。这意味着，无论身处城市还是乡村，无论家庭富裕还是贫困，每个孩子都应该有平等的机会接受教育，实现自我价值和人生梦想。然而，现实中我们仍然面临着诸多挑战。城乡教育差距、优质教育资源不足、教育公平问题依然突出。这

些问题不仅制约了教育的整体发展，更剥夺了许多孩子平等受教育的机会。因此，我们必须采取有力措施，加大投入力度，推进教育改革，确保每个孩子都能享受到公平而优质的教育。

近年来，我国在普惠性教育方面作出了巨大的努力，并取得了显著的成绩，确保每一个孩子都有平等受教育的机会。

一是政策引导与立法保障。为了保障每个孩子平等受教育的权利，我国政府制定了一系列政策和法规。例如，实施九年义务教育制度，确保所有适龄儿童都能接受基础教育。同时，通过立法手段，明确规定了各级政府在教育资源配置中的责任，确保教育资源能够公平地分配给每一个孩子。

二是教育资源均衡配置。为了实现教育资源的均衡配置，我国政府加大了对农村地区、边远贫困地区和民族地区的教育投入。通过实施一系列教育扶贫项目，改善了这些地区的教育设施，提高了教师待遇，吸引了更多优秀的教师前往这些地区任教。此外，还通过实施“互联网＋教育”等模式，让优质教育资源能够覆盖到更多地区，缩小了城乡教育差距。

三是特殊群体教育保障。在普惠性教育方面，我国政府特别关注特殊群体的教育问题。针对贫困家庭子女、残疾儿童等群体，政府建立了完善的教育救助制度，为他们提供特殊教育和辅导。同时，还通过实施一系列奖学金、助学金等政策，减轻了家庭经济困难学生的负担，确保他们能够顺利完成学业。

四是教育改革与创新。为了进一步提高教育质量，我国政府不断推进教育改革与创新。例如，实施素质教育改革，注重培养学生的创新精神和实践能力；推进课程改革，引入更多现代化的教育内容和教学方法；加强与国际教育的交流与合作，引进国外先进的教育理念和教育资源。

与此同时，中共中央、国务院印发了《关于学前教育深化改革规范发展的若干意见》，对新时代学前教育深化改革规范发展作出重大决策部署，各地无不认真贯彻落实，加快推进学前教育普及普惠安全优质发展。如安徽省池州市青阳县始终坚持教育优先发展，将学前教育普及普惠安全优质发展作为重要民生工程，高位推进、精准施策，旨在确保每个孩子都能接受到优质、公平的学前教育。为夯实学前教育普及普惠基础，该县不断加大财政投入，加强教师队伍建设，强化督导监管，全面规范办园行为。青阳县在大力提升城区学前教育普及普惠水平的同时，加快推进农村学前教育普及普惠安全优质发展，全县普惠性幼儿园覆盖率达到 100%。2022 年 3 月，青阳县被认定为“全国学前教育普及普惠县”。

在国家和各级政府的共同努力下，我国在普惠性教育方面取得了显著的成绩。目前，我国已经实现了城乡免费义务教育，所有适龄儿童都能接受基础教育。同时，高等教育也进入了普及化阶段，为广大青少年提供了更多接受高等教育的机会。此外，在特殊教育方面，我国政府也取得了显著成绩，为特殊群体提供了更加完善的教育保障。第七次全国人口普查公报数据显示，全国人口中，拥有大学（指大专及以上）文化程度的人口为 218360767 人；拥有高中（含中专）文化程度的人口为 213005258 人；拥有初中文化程度的人口为 487163489 人；拥有小学文化程度的人口为 349658828 人（以上各种受教育程度的人包括各类学校的毕业生、肄业生和在校生）。与 2010 年第六次全国人口普查相比，每 10 万人中拥有大学文化程度的由 8930 人上升为 15467 人；拥有高中文化程度的由 14032 人上升为 15088 人；拥有初中文化程度的由 38788 人下降为 34507 人；拥有小学文化程度的由 26779 人下降为 24767 人。可见，高学历层次人口所占的比重上升，低学历层次人口所占的比重下降。同时，与 2010 年第六次全国人口普查相比，全国人口中，15 岁及以上人口的平均受教育年限由 9.08 年提高至 9.91 年。此外，全国人口中，文盲人口（15 岁及以上不识字的人）为 37750200 人，与 2010 年第六次全国人口普查相比，文盲人口减少 16906373 人，文盲率由 4.08% 下降为 2.67%，下降 1.41 个百分点。[①]

总之，我国在普惠性教育方面作出了巨大的努力，并取得了显著的成绩。未来，我们将继续加大投入力度，如提高教育经费占国内生产总值的比例；优化教育资源配置，实现城乡教育资源的均衡分布；建立健全教育救助制度，为贫困家庭子女、残疾儿童等特殊群体提供特殊教育和辅导；加强教师队伍建设，提高教师素质和教学水平等，不断推进教育改革与创新，为每个孩子创造一个公平、优质的教育环境，确保每一个孩子都能享受到平等的教育机会。

（二）基础医疗服务普及：让健康成为每个人的基本权利

健康，作为人类生活的基石，是每个人都应当享有的基本权利，也是追求社会全面进步和人民共同富裕的征程中最为基础且关键的要素。健康是生活质量的体现，也是社会发展的重要支撑。因此，让每一个人都能够享受到基础医疗服务，使健康成为每个人的基本权利，不仅是一项人道主义的要求，更是现代化社会建设的必然选择。然而，现实却告诉我们，许多人在面临疾病时，因缺乏必要的医疗服务而陷入困境。因此，基础医疗服务的普及显得尤为重要。

基础医疗服务是指为公众提供的基本的、必要的、可负担的医疗卫生服务，包括疾病预防、诊断、治疗、康复以及健康促进等。这些服务是维护个体健康、预防疾病发生、减轻疾病负担的基础。基础医疗服务的普及意味着无论个体的社会地位、经济状况如何，都能够在需要时获

① 数据来源：《国家统计局第七次全国人口普查公报》。

得及时、有效的医疗服务，从而保障其健康权益。这不仅有助于疾病的预防和治疗，更能提高人民的生活质量，促进社会整体健康水平的提升，而且直接关系到社会的稳定与和谐以及经济的持续发展。

首先，基础医疗服务普及有助于疾病的早期发现和治疗。通过定期的体检和健康检查，可以及时发现潜在的健康问题，从而采取有效的治疗措施，避免病情恶化。其次，基础医疗服务普及可以降低因病致贫的风险。许多家庭因承担不起高昂的医疗费用而陷入贫困。普及基础医疗服务，可以减轻人民的医疗负担，防止因病致贫现象的发生。再次，基础医疗服务普及能有效减轻社会负担。通过预防接种、健康教育、慢性病管理等方式，可以减少疾病的发生和传播，从而减轻医疗系统的压力，降低医疗成本。此外，基础医疗服务普及有利于增强国家卫生应急能力。在应对突发公共卫生事件时，基础医疗服务体系发挥着至关重要的作用。普及基础医疗服务有助于提高全民的健康素养和防病意识，增强国家在应对疫情等突发公共卫生事件时的应急能力。最后，基础医疗服务普及有利于促进社会公平与和谐。不论社会地位、经济条件如何，人人都应享有平等的健康权益。基础医疗服务的普及有助于消除医疗服务领域的不平等现象，使每个人都能享受到基本的医疗保健服务。这有助于促进社会公平，减少因健康问题导致的社会矛盾和冲突，促进社会和谐。

我国政府一直高度重视基础医疗服务的普及工作。近年来，通过一系列政策措施的实施，我国在基础医疗服务普及方面取得了显著成效。

首先，我国政府高度重视基础医疗服务普及工作，制定了一系列相关政策，如《“健康中国 2030”规划纲要》《健康中国行动（2019—2030 年)》《“十四五”国民健康规划》等，为普及基础医疗服务提供了政策保障。其次，我国加大了对基层医疗机构的投入力度，提高了基层医疗服务能力。通过建设社区卫生服务中心、乡镇卫生院等基层医疗机构，为居民提供了便捷、高效的医疗服务。再次，我国已经建立了覆盖城乡的医疗卫生服务体系，包括基层医疗机构、县级医院、市级医院等，形成了较为完善的医疗服务网络。同时，我国实施了全民医保制度，有效减轻了人民的医疗负担。通过医保制度的不断完善和覆盖范围的逐渐扩大，使更多的人民群众能够享受到基本医疗保障。此外，针对贫困地区和贫困人口，我国实施了健康扶贫工程，通过提供医疗救助、减免医疗费用等措施，帮助他们获得基础医疗服务。最后，我国还加强了医疗人才培养和科技创新，提高了医疗服务的质量和效率。通过加强医学教育和培训，培养了一批批优秀的医疗人才，并且利用现代信息技术手段，推动医疗服务模式的创新，提高了医疗服务的便捷性和高效性。

“十三五”时期，经过努力，人民健康水平不断提高。《“十四五”国民健康规划》指出：“2015 年至 2020 年，人均预期寿命从 76. 34 岁提高到 77. 93 岁，婴儿死亡率从 8. 1‰降至 5. 4‰，5 岁以下儿童死亡率从 10. 7‰降至 7. 5‰，孕产妇死亡率从 20. 1/10 万降至 16. 9/10 万，主要健康指标居于中高收入国家前列，个人卫生支出占卫生总费用的比重下降到 27. 7% 。”① 尽管我国在基础医疗服务普及方面取得了显著成效，但仍面临一些挑战和问题。如城乡之间、区域之间的医疗服务差距仍然存在；基层医疗机构的服务能力还有待进一步提高；医疗资源的分布和配置仍需优化等。

为了进一步推进基础医疗服务普及，还需要在以下方面持续作出努力：一是继续加大对基层医疗机构的投入力度，提高其服务能力和水平。通过加强基础设施建设、完善医疗设备配置、提高医务人员待遇等

---

① 《国务院办公厅关于印发“十四五”国民健康规划的通知》，中国政府网，https：//www. gov. cn/zhengce/content/2022-05/20/content_ 5691424. htm。

措施，吸引更多的人才到基层工作，提高基层医疗服务的可及性和质量。二是进一步完善全民医保制度，扩大覆盖范围并提高保障水平。通过提高医保报销比例、降低起付线等措施，减轻人民的医疗负担；同时，加强医保基金的监管和管理，确保医保制度的可持续性和稳定性。三是加强医疗人才培养和科技创新，提高医疗服务的质量和效率。通过加强医学教育和培训、完善人才培养机制等措施，培养更多优秀的医疗人才；同时，利用现代信息技术手段推动医疗服务模式的创新和发展，提高医疗服务的便捷性和高效性。

基础医疗服务普及是一项长期而艰巨的任务，要实现“让健康成为每个人的基本权利”的目标，需要政府、社会、医疗机构和公众等多方主体共同努力。相信在各方的齐心协力下，一定能够推动基础医疗服务普及取得更加显著的成效，为人民群众的健康福祉作出更大的贡献。

（三）兜底性社会保障：为弱势群体筑牢民生福祉安全网

社会保障是民生所依，新中国成立 70 多年来，我国社会保障制度经历了“从无到有”到“从有到好”的转变。在快速发展的社会进程中，弱势群体往往面临更多的生活挑战和困境。为了保障这些群体的基本权益和生活需求，兜底性社会保障制度应运而生，成为一道坚实的屏障，也成为筑牢民生福祉安全网的重要一环。兜底性社会保障，是为社会最为困弱的群体提供基本生活保障的制度安排，涵盖了最低生活保障、社会救助、医疗救助、教育救助等多个方面，旨在确保弱势群体的基本生活需求得到满足。习近平总书记在党的二十大报告中指出，“紧紧抓住人民最关心最直接最现实的利益问题”，“健全分层分类的社会救助体系”。

兜底性社会保障是不可或缺的制度性安排。首先，兜底性社会保障是维护社会公平正义的必然要求。社会公平正义是社会和谐稳定的基础，而弱势群体往往因为各种原因无法享受到公平的发展机会和资源分配。兜底性社会保障通过提供基本生活保障，帮助这些群体摆脱困境，同时也有助于提高困难群众的生活质量和幸福感，使他们能够更好地融入社会，共享社会发展成果，实现社会公平。其次，兜底性社会保障是防范和化解社会风险的重要手段。弱势群体在面对疾病、失业、灾害等风险时，往往缺乏足够的应对能力。兜底性社会保障能够提供及时的救助和支持，减轻他们的经济负担，防止因风险事件导致的社会不稳定。再次，兜底性社会保障是促进人的全面发展的必要条件。人的全面发展需要基本的生活保障作为支撑，而兜底性社会保障正是为弱势群体提供这种保障的重要机制。通过保障他们的基本生活需求，为其成长和发展创造更好的条件。最后，兜底性社会保障也是推动社会治理现代化的重要手段。通过对困难群众的精准救助和帮扶，兜底性社会保障能够提升社会治理的效能和水平，增强政府的公信力和执行力。同时，它也有助于引导社会力量积极参与到社会救助和慈善事业中，推动形成共建共治共享的社会治理格局，建设人人有责、人人尽责、人人享有的社会治理共同体。

“党的十八大以来，随着分层分类、城乡统筹的中国特色社会救助体系基本建成，我国民生兜底保障安全网越织越牢，保障政策日趋精细化、精准化，最低生活保障等社会救助兜底保障工作逐渐从‘人找政策’向‘政策找人’转变。”① 可以说，兜底性社会保障制度有效地减轻了弱势群体的生活压力。通过提供最低生活保障、医疗救助、教育救助等措施，兜底性社会保障帮助许多家庭度过了困难时期，改善了他们的生活质量。同时，这一制度也促进了社会的和谐稳定，减少了因贫困引发的社会矛盾和冲突。但是，在实践中也面临着诸多挑战和困难。其

① 李昌禹：《让社会救助兜底保障更加精准、更有温度》，《人民日报》2022 年 12 月 6 日。

一，兜底性社会保障的覆盖范围仍需进一步扩大。由于资源有限等问题，部分困难群众可能无法享受到应有的保障；一些边缘群体或者特定情况下的困难群众可能无法被纳入兜底保障的范围，导致他们的基本生活需求无法得到满足。其二，保障水平仍需进一步提升。虽然兜底性社会保障能够提供基本生活保障，但由于各种原因，其保障水平可能无法完全满足困难群众的实际需求；加之有的地区兜底保障标准相对较低，难以应对日益增长的生活成本，导致困难群众的生活质量无法得到实质性提升。如何根据不同地区的经济发展水平和社会结构状况因地制宜，制定符合当地实际情况的保障政策也是一个亟待解决的问题。其三，兜底性社会保障的可持续性面临挑战。由于资金来源单一、财政压力增大等因素，兜底性社会保障的可持续性受到一定影响。在有的地区，兜底保障资金可能面临缺口，导致保障措施无法长期有效实施。其四，兜底性社会保障的精准度有待提高。在识别和救助困难群众的过程中，可能存在信息不对称、识别机制不完善等问题，导致一些真正需要帮助的群众无法被及时纳入兜底保障范围，而一些不符合条件的人可能滥用救助资源，兜底性社会保障的管理和运行机制需要进一步完善。其五，兜底性社会保障还需要进一步加强与其他社会政策的衔接和配合。例如，与就业、教育、医疗等政策相结合，形成综合性的救助体系，以更好地满足困难群众的需求。

民生无小事，枝叶总关情。进一步做好兜底保障工作，实实在在为困难群众排忧解难，需要多措并举完善兜底性社会保障制度。首先，加大投入力度，提高保障水平。通过增加财政补贴、拓宽资金来源等方式，确保保障资金的充足；与此同时，根据经济社会发展水平和物价变动情况，适时调整保障标准和政策内容，确保弱势群体能够享受到与经济社会发展相适应的生活保障，确保制度的针对性和有效性。其次，扩大覆盖范围，实现应保尽保。政府应进一步完善制度设计，确保所有符合条件的弱势群体都能纳入保障范围；加强宣传和推广力度，提高群众对兜底性社会保障的认知度和参与度；同时，还应加强社会力量的参与，形成政府、社会组织和个人共同参与的多元化保障格局。再次，建立健全评估机制，定期对兜底性社会保障制度进行评估和调整。最后，加强管理和监督，确保制度有效运行。建立健全兜底性社会保障的管理和运行机制，加强对资金使用的监管和救助程序的优化；同时，引入社会监督和公众参与机制，提高制度运行的透明度和公正性。

兜底性社会保障是维护社会公平正义、防范和化解社会风险、促进人的全面发展的重要制度保障。通过不断完善这一制度，为弱势群体筑牢民生福祉的安全网，不断提升困难群众的获得感、幸福感、安全感，让困难群众共享社会发展的成果，推动新时代兜底性社会保障实现高质量发展。

四、坚决守住维护社会公平正义的最后一道防线

公正司法是维护社会公平正义的最后一道防线。公平正义是社会文明进步的基石，也是全人类共同的价值追求。坚决守住维护社会公平正义的最后一道防线，是我们每一个社会成员义不容辞的责任。这道防线不仅关乎个人的权益和尊严，更关系到整个社会的稳定与发展以及人类文明的进步。因此，我们要以高度的责任感和使命感，坚决捍卫社会公平正义，让每一个人都能在公平的环境中追求幸福、实现人生价值，共同构建一个更加公正美好的社会。

（一）司法公正是实现社会公平、保障百姓福祉的基石

司法公正，作为法治社会的核心价值观之一，承载着实现社会公

平、保障百姓福祉的重要使命。在一个法治健全的社会中，司法公正不仅是法律实施的核心要求，更是实现社会和谐稳定和保障民生福祉的重要基石。司法公正不仅关乎法律本身的权威性和公信力，更直接影响到社会成员的基本权益和生活福祉。

首先，司法公正是社会公正的重要组成部分和实现社会公平的关键环节。公平是社会发展的基本准则，它要求每个人在法律面前享有平等的权利和机会，而司法公正则通过确保法律适用的公平性和一致性从而成为实现社会公平的重要保障。在现代社会，法律是维护社会秩序、保障公民权益的重要工具。通过公正的司法程序，法律能够准确、及时地应用于社会各个层面，确保每个人的合法权益得到平等保护。司法公正要求司法机关在处理案件时，要依法独立、公正、高效地行使审判权，确保每个公民都能在法律面前得到平等对待。在司法实践中，法官们秉持公正、客观、中立的立场，严格依法裁判，使得社会成员无论贫富、强弱，都能在法律的阳光下得到公正对待。这种公正的司法实践，不仅能够有效解决社会纠纷，维护社会秩序，还能够增强社会成员对法律制度和法治社会的信任感，进而推动社会公平的实现。

其次，司法公正是保障百姓福祉的重要手段。百姓福祉是社会发展的终极目标，它涵盖了人民群众在经济、政治、文化、社会、生态等各个方面的利益和需求，而司法公正则通过维护社会成员的合法权益从而成为实现这一目标的重要途径。司法公正意味着公民的合法权益得到平等、充分的保护，违法犯罪者受到应有的惩治，无辜的受害人能够获得应有的救济。在司法实践中，无论是涉及民生问题的案件，还是涉及经济发展的案件，司法公正都能够有效确保法律适用的准确性和公正性，维护公民的合法权益，使人们在法治社会中享有安全感、尊严感和幸福感，为百姓福祉的实现创造有利条件。同时，司法公正还能够提升社会成员的法治意识，增强他们的法律素养和自我保护能力，从而提升整个社会的法治水平和生活质量，进而推动整个社会法治化进程。

再次，司法公正有助于增强政府的公信力。一个公正、透明的司法体系能够赢得公众的信任和支持，使政府决策更加符合民意、贴近民生。这有助于提升政府的治理效能，推动社会和谐稳定。同时，司法公正还能有效解决社会纠纷，化解社会矛盾，减少社会冲突，能够有效维护社会秩序，为百姓创造一个安全、稳定、和谐的生活环境，为构建和谐社会提供有力保障。

最后，司法公正对于实现法治国家具有重大意义。法治国家是现代社会追求的目标，而司法公正是法治国家的重要体现。通过加强司法公正建设，可以推动法治文化的普及和深入，提高全民法治素养，为法治国家的建设提供有力支撑。

司法公正是实现社会公平、保障百姓福祉的基石，这一观点在多个经典案例中得到了充分体现。经历了长达 21 年曲折过程的聂树斌案，最终在“疑罪从无”的刑事司法原则指导下得到重新判决。聂树斌的家人长期为他的清白而奔走呼号，历经磨难。这一案件的公正解决，不仅为聂树斌及其家人带来了正义，也为整个社会树立了司法公正的典范，彰显了法律对生命的尊重和对公正的追求。再如近年来，高空抛物事件频发，给社会安全带来严重威胁。在此类案件中，司法公正显得尤为重要。2024 年 1 月 18 日下午，在江西省南昌市东湖区象山北路与叠山路交界处西南角，一袋装有蚝油空瓶子的垃圾从天而降，厚重的玻璃瓶瞬间碎裂，给附近的商家和居民带来了极大的恐慌。高空抛物事件发生后，南昌市公安局东湖分局百花洲派出所民警巡逻至事发地点。附近居民纷纷反映，该区域经常有人高空抛物，每次路过都提心吊胆，生怕被高空掉落的垃圾砸中。百花洲派出所立即上报东湖分局情指中心，启用高空探头查出嫌疑人邓某，并发现她连续多日存在此类行为。东湖警方邀请东湖检方提前介入，审查全案证据，评估法律风险。此案经过审查全案证据，认为邓某多次在人流量较大的红绿灯交界处从高楼抛物，危害公共安全，涉嫌犯罪，应予立案调查。最终，邓某因涉嫌高空抛物罪被立案侦查并刑事拘留。这不仅体现了对个体权益的尊重，也向社会传递了法治的力量，促使人们更加自觉地遵守法律法规，共同维护社会安全。

司法公正，作为法治社会的核心价值，始终是我们追求社会公平与百姓福祉的坚实基石。在历史的长河中，无数经典案例证明，只有坚守司法公正，才能确保法律之光照亮每一个角落，让每一个社会成员都能在公平与正义的环境中追求幸福与尊严。在这一过程中，每一名社会成员都应该成为法治建设的参与者和推动者，共同为实现司法公正和社会公平而努力奋斗。

（二）以公正司法引领社会正义，助推民生福祉持续提升

民生福祉是社会发展的终极目标，而公正司法是民生福祉的助推器。公正司法通过维护社会成员的合法权益，为民生福祉的持续改善提供了有力的法律支持。无论是涉及劳动权益、消费者权益还是环境保护等民生问题，公正司法都能够确保法律适用的准确性和公正性，为人民群众提供及时、有效的法律救济。同时，公正司法还能够促进社会资源的合理分配和公共服务的均衡发展，为民生福祉的持续提升创造有利条件。

要实现司法公正，并以公正司法引领社会正义助推民生福祉持续提升，是一项系统性工程，需要多方面的共同努力。第一，加强司法公正建设，树立司法权威。一方面，深化司法体制改革，确保司法机关依法独立公正行使审判权。通过完善司法责任制、加强司法监督等方式，提高司法公正性和透明度，树立司法权威。另一方面，加强司法队伍建设，重视法官和检察官的职业道德建设和业务培训，提高司法人员的专

业素养和公正意识。法官是司法公正的直接实践者，他们的职业素养和业务能力直接关系到司法公正的实现程度。因此，要培养高素质法治人才，加强对法官的培训和教育，提高他们的法律素养和审判能力，确保他们在处理案件时能够秉持公正立场，依法裁判。

第二，完善法律制度，保障公平正义。要及时修订和完善法律法规，使之更加适应社会发展的需求。特别是对于涉及民生福祉的领域，如教育、医疗、住房等，应制定更加完善的法律法规，保障公民的基本权益。与此同时，也要加强法律宣传和教育，提高公民的法律意识和法治素养。通过普法活动、法律援助等方式，让更多的人了解法律、遵守法律，运用法律维护自身权益。

第三，强化司法监督，防止司法腐败。建立健全司法监督机制，加强对司法活动的监督和管理。通过设立监察委员会、加强人大监督等方式，确保司法活动的公正性和合法性，防止司法腐败和权力滥用，确保司法活动的公正性和权威性。同时，及时发现和纠正司法活动中的不公正现象，严厉打击司法腐败行为，对违法违纪的司法人员进行严肃处理。通过公开曝光典型案例、加强警示教育等方式，形成对司法腐败的有效震慑，维护司法公正和社会公平。

第四，注重司法实践，提升司法效率和质量。其一，优化司法流程，简化诉讼程序，提高司法效率。通过推行电子诉讼、在线调解等方式，降低诉讼成本，方便群众诉讼。其二，加强司法调解和法律援助工作，促进矛盾纠纷的及时化解。通过调解、和解等方式，减少诉讼对抗，增进社会和谐。

第五，推动司法公开透明，增强司法公信力。加强司法信息化建设，推动司法活动的全程留痕、可追溯。通过公开庭审直播、裁判文书上网等方式，让司法活动接受社会监督。建立健全司法民意沟通机制，及时回应社会关切。通过设立司法热线、开展司法问政等方式，加强与群众的沟通联系，增强司法公信力。

第六，加强法治宣传教育，提高全民法治意识。法治意识是实现司法公正的重要基础，只有全民具备了法治意识，才能够更好地理解和支持司法公正。因此，我们要加强法治宣传教育，普及法律知识，提高公民的法律素养和自我保护能力。通过法治宣传教育，我们能够让每一个人都了解法律、尊重法律、运用法律，共同维护司法公正和社会公平。

在建设法治社会的道路上，公正司法不仅是维护社会正义的重要基石，更是推动民生福祉持续提升的不竭动力。通过公正司法，我们得以确保法律的准确实施和公平裁判，为人民群众提供坚实的法律保障。同时，公正司法也促进了社会资源的合理分配和公共服务的均衡发展，让每一个社会成员都能在公平、正义的环境中追求幸福与尊严。以公正司法引领社会正义、助推民生福祉持续提升是法治社会建设的重要任务。我们要始终坚持司法公正原则，不断加强司法建设，提高司法水平，为构建和谐社会、实现民族复兴提供有力的法治保障。同时，我们也要认识到这是一个长期而艰巨的过程，需要全社会的共同努力和持续推动，共同为公正司法、社会正义和民生福祉的持续提升而奋斗。

（三）让人民群众在每一个司法案件中感受到公平正义

在法治社会的建设中，让人民群众在每一个司法案件中感受到公平正义，不仅是司法工作的基本要求，更是法治文明和社会进步的体现。公平正义是法治的生命线，也是司法工作的核心价值所在，更是社会和谐稳定的重要基石。只有全面贯彻落实习近平总书记关于“努力让人民群众在每一个司法案件中感受到公平正义”的重要指示精神，坚持司法为民的原则，全面推进公正司法，促进社会公平正义，确保每个司法案件都能体现公平正义，才能赢得人民群众的信任和支持，不断提升司法公信力，为社会的和谐稳定奠定坚实基础。

首先，让人民群众感受到公平正义，是司法工作的基本职责。公正司法作为社会公正的最后一道防线，承担着定分止争、化解矛盾的重要使命。在司法实践中，我们必须坚持以事实为根据、以法律为准绳，确保每个案件都能得到公正、准确的裁判。这要求法官们具备高度的专业素养和严谨的工作态度，能够深入调查、审慎分析，确保案件事实清楚、证据确凿。同时，我们还要注重法律效果与社会效果的统一，力求在维护法律尊严和权威的同时，充分考虑人民群众的合理诉求和利益关切。

其次，让人民群众感受到公平正义，是司法公信力的体现。司法公信力是司法工作的生命线，它关系到人民群众对司法工作的信任程度和对法治社会的认同度。只有当人民群众在每个司法案件中都能感受到公平正义时，他们才会对司法工作产生信任和支持。因此，我们必须加强司法公开和提升透明度，让人民群众了解司法活动的全过程，监督司法权力的行使。通过公开审判、公开裁判文书等方式，让人民群众看到司法活动的公正性和权威性，从而增强对司法工作的认同与信任。

最后，让人民群众感受到公平正义，也是推进法治建设的重要动力。法治建设是一个长期而艰巨的任务，需要全社会的共同努力和持续推动。让人民群众在每个司法案件中感受到公平正义，正是法治建设的重要成果和体现。这种感受将激发人民群众对法治的信仰和热情，促使他们更加积极地参与法治建设，推动法治社会的不断发展。

“让人民群众在每一个司法案件中感受到公平正义”是一个深刻的法治理念，也是司法工作的核心目标和价值追求，旨在确保司法活动始终坚守公正、公平和透明的原则。诸多典型案例充分体现了这一理念在司法实践中的贯彻与落实。如 1998 年 6 月 27 日，天津市宁河区一名 8 岁女童在上学途中失踪，经过搜索，在村西的玉米地内发现了被害人尸体。经检验，系被他人扼颈窒息死亡。破案惩凶，是老百姓朴素的情感，是受害者家属最深切的期盼。案发后的 20 多年里，办案民警换了一批又一批，却从未放弃对此案的侦破。直到 2020 年 5 月 6 日，检验人员检出了一名男性 DNA，经过排查比对，终于将犯罪嫌疑人抓获。案件破获后，被害人父母流下了热泪。长期未破案件终获正义，充分体现了司法机关对长期未破案件的坚持与努力，以及为受害者及其家庭带来的正义与安慰。公正司法是民生福祉的助推器，用真相告慰逝者、抚慰世人，让人民群众在每一个司法案件中感受到公平正义，既体现了司法机关的专业素养和公正立场，也反映了人民群众对公平正义的期望和追求。

然而，要实现“让人民群众在每一个司法案件中感受到公平正义”的目标，我们还需付出更多的努力。一是需要坚持司法为民的理念。司法工作的根本目的是维护人民群众的合法权益，解决他们的实际问题。因此，在司法实践中，必须坚持以人民为中心的工作导向，关注人民群众的关切和需求，确保每一个案件都能得到公正、高效的处理。同时，还要加强司法便民服务，进一步完善司法制度，优化司法流程，降低诉讼成本，让人民群众在司法过程中感受到便利和温暖，增进民生福祉。二是加强司法监督，确保司法权力的正确行使。司法权力是人民赋予的，必须受到严格的监督和制约。我们要建立健全的司法监督机制，加强对司法活动的监督和管理，防止司法腐败和权力滥用。同时，还要加强司法公开，让人民群众了解司法活动的全过程，增强司法透明度，提高司法公信力。三是加强司法人员的培训和教育，提高他们的专业素养和职业道德水平，确保他们能够公正、高效地处理每一个案件，让他们成为人民群众信赖的守护者。此外，我们还要加强法治宣传教育，提高全民法治意识，让人民群众更加了解和支持司法工作。

公平正义是司法的灵魂和生命，让人民群众在每一个司法案件中感受到公平正义，不仅是司法工作的核心追求，更是法治社会建设的坚实基础。我们要坚持以习近平法治思想为指导，树立正确的司法理念，把习近平总书记提出的“努力让人民群众在每一个司法案件中感受到公平正义”作为目标追求，坚持“司法为民、公正司法”，通过公正、高效、有温度、有力量的司法实践，回应人民关切，让公平正义的阳光照进人民群众的心田，努力让人民群众在每一次法律审判中都能见证正义的力量，感受到法治的温暖。

第四章 时刻保持解决大党独有难题的清醒和坚定

2022年10月16日，习近平总书记在党的二十大上指出，“全面建设社会主义现代化国家、全面推进中华民族伟大复兴，关键在党。我们党作为世界上最大的马克思主义执政党，要始终赢得人民拥护、巩固长期执政地位，必须时刻保持解决大党独有难题的清醒和坚定”①。在这里，保持解决大党独有难题的清醒和坚定，不仅是我们这样一个百年大党、世界大党永远不变质、不变色、不变味的基本要求，也是确保我们党能够始终赢得人民拥护、巩固长期执政的内在指向。2023年1月9日，习近平总书记在二十届中央纪委二次全会上再次强调，“全面从严治党永远在路上，要时刻保持解决大党独有难题的清醒和坚定”②，并用“六个如何始终”揭示了现阶段这些“独有难题”的主要表现形式、原因及其具体路径，进一步规定了我们党在新的复杂形势下必须迈的坎儿和必须啃的硬骨头，为新征程上广大党员干部提供了“守红线、明底线”的根本遵循。

---

① 习近平：《高举中国特色社会主义伟大旗帜 为全面建设社会主义现代化国家而团结奋斗——在中国共产党第二十次全国代表大会上的报告》，《人民日报》2022 年 10 月 26 日。

② 《一刻不停推进全面从严治党 保障党的二十大决策部署贯彻落实》，《人民日报》2023 年 1 月 10 日。

一、如何始终不忘初心、牢记使命

习近平总书记提出党的第一个独有难题，即“如何始终不忘初心，牢记使命”，原因在于“党的事业伟大而艰巨、任重而道远，有人走着走着就忘记了为什么出发，忘记了共产主义远大理想和中国特色社会主义共同理想，忘记了我是谁、为了谁、依靠谁，从而丧失了共产党人的本色”，为此，“我们必须坚守奠基创业时的初心，坚守党的理想信念宗旨，始终为中国人民谋幸福、为中华民族谋复兴，始终保持党同人民群众的血肉联系，永葆党的先进性和纯洁性”①。根据这个重要判断，广大党员干部始终不忘初心、牢记使命的关键在于理论上的清醒。在这里，理论上的清醒包括两个方面：一是在马克思主义党建学说框架中系统把握党的理想信念宗旨，筑牢共产党人的政治本色；二是从历史和现实两个维度出发，进一步在实践中夯实坚守党的理想信念宗旨的行动自觉。

（一）在党的建设学说框架下的考量

在党的建设学说框架下，中国共产党是以马克思列宁主义为指导成立的政治组织。这种理论特质和政党属性决定了始终不忘初心、牢记使命，就要不断夯实共产主义远大理想和中国特色社会主义共同理想，自觉把人民放在心中，筑牢实现中华民族伟大复兴的共同思想基础和实践根基。一方面，作为人类社会进步的最高发展形态，共产主义是“代替那存在着阶级和阶级对立的资产阶级旧社会的，将是这样一个联合

① 习近平：《论党的自我革命》，党建读物出版社、中国方正出版社、中央文献出版社 2023 年版，第 352 页。

体，在那里，每个人的自由发展是一切人的自由发展的条件”①，其中蕴含的生产力高度发展和发达、物质财富极大丰富和满足、人的自由而全面发展图景，构成了中国共产党始终站在人类历史正确一方的立场和目标。另一方面，作为共产党人矢志不渝的价值追求，共产主义是“绝大多数人的、为绝大多数人谋利益的独立的运动”②，厚植了中国共产党为民造福的宗旨和情怀。在实践中，这项运动的胜利需要共产党人始终保持自身的先进性、纯洁性，以旺盛的生命力和强大的战斗力既要确保“使无产阶级成为阶级，推翻资产阶级的统治，由无产阶级夺取政权”③ 任务完成，又要确保“共产党人为工人阶级的最近的目的和利益而斗争，但是他们在当前的运动中同时代表运动的未来”④。在现阶段，中国特色社会主义共同理想凝聚了马克思主义基本原理同中国实际、同中华优秀传统文化相结合的强大力量，成为中国共产党始终坚守“为中国人民谋幸福、为中华民族谋复兴”初心使命的精神支撑。2015年12月11日，习近平总书记在全国党校工作会议上明确指出：“我们干事业不能忘本忘祖、忘记初心。我们共产党人的本，就是对马克思主义的信仰，对中国特色社会主义和共产主义的信念，对党和人民的忠诚。我们要固的本，就是坚定这份信仰、坚定这份信念、坚定这份忠诚。世界社会主义实践的曲折历程告诉我们，马克思主义政党一旦放弃马克思主义信仰、社会主义和共产主义信念，就会土崩瓦解。共产党人如果没有信仰、没有理想，或信仰、理想不坚定，精神上就会‘缺钙’，就会得‘软骨病’，就必然导致政治上变质、经济上贪婪、道德上堕落、生活上腐化。”⑤ 这个重要论断给全党敲响了警钟。

---

① 《马克思恩格斯选集》第1卷，人民出版社2012年版，第422页。
② 《马克思恩格斯选集》第1卷，人民出版社2012年版，第411页
③ 《马克思恩格斯选集》第1卷，人民出版社2012年版，第413页。
④ 《马克思恩格斯选集》第1卷，人民出版社2012年版，第434页。
⑤ 习近平：《论党的宣传思想工作》，中央文献出版社2020年版，第148页。

（二）从历史维度的考量

从历史维度来说，共产主义远大理想和中国特色社会主义共同理想贯通于一代代中国共产党人具体的、实在的英勇奋斗中。1921 年 7 月，党的一大在错综复杂的斗争环境中成功召开。自此，实现共产主义、社会主义革命胜利的信念规范着全体成员的价值选择和言行，特别是领导干部脚踏实地完成党在现阶段基本纲领以及各项工作的政治定力和意志。中国共产党人的这种高尚思想道德要求和“钢铁”意志，也团结引领了全国人民始终能够充满力量地在历史潮流中走社会主义道路的主动与自觉。正如习近平总书记在庆祝中国共产党成立 100 周年大会上的重要讲话中指出的那样，“为了实现中华民族伟大复兴，中国共产党团结带领中国人民，浴血奋战、百折不挠，创造了新民主主义革命的伟大成就……自力更生、发愤图强，创造了社会主义革命和建设的伟大成就……解放思想、锐意进取，创造了改革开放和社会主义现代化建设的伟大成就……自信自强、守正创新，统揽伟大斗争、伟大工程、伟大事业、伟大梦想，创造了新时代中国特色社会主义的伟大成就”①。在这里，“四个伟大成就”一脉相承，绘就了中国共产党人始终不忘初心、牢记使命的恢宏历史。但在这个过程中，部分同志也曾对共产主义、社会主义认识模糊。例如，“大跃进”“共产风”等浮躁情绪在新中国成立后一段时间内盛行，有的人民公社甚至提出了“两年跑步进入共产主义”计划和标准。这种情绪、计划和标准，不仅违背了生产力、生产关系发展的客观规律，也挫伤了人们实现共产主义、建设社会主义的积极性。历史和实践证明：广大党员干部要筑牢始终不忘初心、牢记使命的政治底色，既要深刻认识“党的初

① 《习近平著作选读》第 2 卷，人民出版社 2023 年版，第 477—479 页。

心和使命是党的性质宗旨、理想信念、奋斗目标的集中体现，越是长期执政、越不能丢掉马克思主义政党的本色，越不能忘记党的初心使命”[①] 的根本性问题，还要理性看待“马克思主义政党的先进性和纯洁性不是随着时间推移而自然保持下去的，共产党员的党性不是随着党龄增长和职务提升而自然提高的。初心不会自然保质保鲜，稍不注意就可能蒙尘褪色，久不滋养就会干涸枯萎，很容易走着走着就忘记了为什么要出发、要到哪里去，很容易走散了、走丢了”[②] 等一系列顽疾性难题和新问题，真正在迎难解困中“把党建设成为始终走在时代前列、人民衷心拥护、勇于自我革命、经得起各种风险考验、朝气蓬勃的马克思主义执政党”[③]。

（三）从现实维度的考量

从现实角度出发，当前以人工智能技术变革为驱动力的传统产业转型、新兴产业布局、未来产业培育，正在深刻地改变着我们的生活方式、经济模式以及社会结构，也极大地彰显了以原始创造力为标志的科技创新在劳动者、劳动资料、劳动对象及各要素之间协同优化方面的价值，特别是当“新质生产力”成为 2024 年政府工作报告关键词时，不仅突出反映了科技进步在推动我国社会发展和进步方面的重要性和极端紧迫性，也深刻体现了以习近平同志为核心的党中央领导我国经济社会高质量发展的强烈使命感和前瞻性，发展和夯实了我们党“为中国人民谋幸福、为中华民族谋复兴”初心使命的新境界与历史主动性。关于“新质生产力”，习近平总书记在 2023 年 9 月考察调研黑龙江期间首次提出，随后又在很多重要场合作过重要指示，包括：“整合科技创新

---

① 《习近平谈治国理政》第 3 卷，外文出版社 2020 年版，第 529 页。
② 《习近平著作选读》第 2 卷，人民出版社 2023 年版，第 298 页。
③ 《习近平著作选读》第 2 卷，人民出版社 2023 年版，第 51 页。

资源，引领发展战略性新兴产业和未来产业，加快形成新质生产力”①；“积极培育新能源、新材料、先进制造、电子信息等战略性新兴产业，积极培育未来产业，加快形成新质生产力，增强发展新动能”②；“要以科技创新推动产业创新，特别是以颠覆性技术和前沿技术催生新产业、新模式、新动能，发展新质生产力”③；“概括地说，新质生产力是创新起主导作用，摆脱传统经济增长方式、生产力发展路径，具有高科技、高效能、高质量特征，符合新发展理念的先进生产力质态。它由技术革命性突破、生产要素创新性配置、产业深度转型升级而催生，以劳动者、劳动资料、劳动对象及其优化组合的跃升为基本内涵，以全要素生产率大幅提升为核心标志，特点是创新，关键在质优，本质是先进生产力”④；“要牢牢把握高质量发展这个首要任务，因地制宜发展新质生产力。面对新一轮科技革命和产业变革，我们必须抢抓机遇，加大创新力度，培育壮大新兴产业，超前布局建设未来产业，完善现代化产业体系。发展新质生产力不是忽视、放弃传统产业，要防止一哄而上、泡沫化，也不要搞一种模式。各地要坚持从实际出发，先立后破、因地制宜、分类指导，根据本地的资源禀赋、产业基础、科研条件等，有选择地推动新产业、新模式、新动能发展，用新技术改造提升传统产业，积极促进产业高端化、智能化、绿色化”⑤；“深化科技体制、教育体制、人才体制等改革，打通束缚新质生产力发展的堵点卡点”⑥；等等。这些重要论

① 《牢牢把握在国家发展大局中的战略定位　奋力开创黑龙江高质量发展新局面》，《人民日报》2023 年 9 月 9 日。

② 《牢牢把握东北的重要使命　奋力谱写东北全面振兴新篇章》，《人民日报》2023 年 9 月 10 日。

③ 《中央经济工作会议在北京举行》，《光明日报》2023 年 12 月 13 日。

④ 《加快发展新质生产力　扎实推进高质量发展》，《光明日报》2024 年 2 月 2 日。

⑤ 《习近平在参加江苏代表团审议时强调　因地制宜发展新质生产力》，《光明日报》2024 年 3 月 6 日。

⑥ 《习近平在参加江苏代表团审议时强调　因地制宜发展新质生产力》，《光明日报》2024 年 3 月 6 日。

述诠释了新质生产力的科学内涵与要义、基本特征及其同高质量发展之间的内在逻辑，指明了新征程上全党“为全面建设社会主义现代化国家、全面推进中华民族伟大复兴而团结奋斗”的新思路、新路径、新机遇，为广大党员干部面对复杂性局势和不确定性因素时，始终以科学的理想信念坚守共产党人安身立命之本，继续牢记初心使命注入了强大自信。

二、如何始终统一思想、统一意志、统一行动

习近平总书记提出党的第二个独有难题，即“如何始终统一思想、统一意志、统一行动”，原因在于“党的规模大了，一些人容易出现搞小山头、小圈子、小团伙现象，容易出现尾大不掉、自行其是问题，破坏党的团结统一，影响党的凝聚力和战斗力。随着改革开放逐步深入，社会利益多元化、思想多样化也深刻影响到党员、干部的观念和行为”，为此，“我们必须在重大问题、严峻形势面前始终心往一处想、劲往一处使，做到凝心聚力、众志成城，确保全党紧密团结在党中央周围，步调一致向前进”①。根据这个重要判断，始终统一思想、统一意志、统一行动的根本在于政治上的清醒，确保党中央权威和集中统一领导。

（一）确保党中央权威和集中统一领导，是我们党区别于其他政党组织的显著政治优势

对于马克思主义政党来说，实现共产主义有一个必经阶段，即建立和治理好无产阶级政党领导的国家政权与社会。而这种国家政权的建

① 习近平：《论党的自我革命》，党建读物出版社、中国方正出版社、中央文献出版社 2023 年版，第 352 页。

立，首要是领导工人斗争取得胜利。众所周知，斗争是残酷的，是需要流血牺牲的。这就必然要求马克思主义政党必须保持思想、意志和行动上的高度统一，以获得领导斗争胜利必须具备的强大战斗力和严格组织纪律性。对此，马克思、恩格斯曾多次论述加强集中统一领导的重要性，如他们在《社会主义民主同盟和国际工人协会》中所明确指出的，“为了保证革命的成功，必须有思想和行动的统一”[①]。在领导布尔什维克政党建设和苏维埃政权创建过程中，列宁也曾明确指出，“保持党的统一和实现无产阶级先锋队的意志的统一是保证无产阶级专政胜利的基本条件”[②]。不难看出，确保思想、意志、行动统一，是无产阶级政党与生俱来的本质特征。对于我们党来说，自然同样如此。习近平总书记曾在十八届中央纪委二次全会上警示全党：“我们党是靠革命理想和铁的纪律组织起来的马克思主义政党，纪律严明是党的光荣传统和独特优势。党面临的形势越复杂、肩负的任务越艰巨，就越要加强纪律建设，越要维护党的团结统一，确保全党统一意志、统一行动、步调一致前进。严明党的纪律，首要的就是严明政治纪律。严明政治纪律就要从遵守和维护党章入手。遵守党的政治纪律，最核心的，就是坚持党的领导，坚持党的基本理论、基本路线、基本纲领、基本经验、基本要求，同党中央保持高度一致，自觉维护中央权威。在指导思想和路线方针政策以及关系全局的重大原则问题上，全党必须在思想上政治上行动上同党中央保持高度一致。各级党组织和领导干部要牢固树立大局观念和全局意识，正确处理保证中央政令畅通和立足实际创造性开展工作的关系，任何具有地方特点的工作部署都必须以贯彻中央精神为前提。要防止和克服地方和部门保护主义、本位主义，决不允许‘上有政策、下

① 《马克思恩格斯全集》第18卷，人民出版社1964年版，第385页。
② 《列宁选集》第4卷，人民出版社2012年版，第470页。

有对策'，决不允许有令不行、有禁不止，决不允许在贯彻执行中央决策部署上打折扣、做选择、搞变通。每一个共产党员特别是领导干部都要牢固树立党章意识，自觉用党章规范自己的一言一行，在任何情况下都要做到政治信仰不变、政治立场不移、政治方向不偏。"① 无论何种条件、何种形势下，我们党正是靠这一铁律凝聚群众认同形成了持久向心力，成为中国人民应对各种风险考验的主心骨，同时，也充分展示了马克思主义的强大生命力。事实证明："理论创新每前进一步，理论武装就要跟进一步。党的历次集中教育活动，都以思想教育打头，着力解决学习不深入、思想不统一、行动跟不上的问题，既绵绵用力又集中发力，推动全党思想上统一、政治上团结、行动上一致。"② 思想上的统一，是意志统一、行动统一的首要条件。这也就不难理解为什么习近平总书记进一步在党的二十大报告中要求"全面加强党的思想建设，坚持用习近平新时代中国特色社会主义思想统一思想、统一意志、统一行动，组织实施党的创新理论学习教育计划，建设马克思主义学习型政党"③。作为当代中国马克思主义、21 世纪马克思主义，习近平新时代中国特色社会主义思想是全党全国人民团结一致实现中华民族伟大复兴的行动指导。广大党员干部要做到坚决维护党中央权威和集中统一领导，必然要始终做习近平新时代中国特色社会主义思想的坚定信仰者和忠实实践者。

（二）确保党中央权威和集中统一领导，是我们党在长期领导革命、建设和改革开放过程中锻造"砥砺奋进写壮美画卷"的重要铁律

历史是最好的教科书。遵义会议前，王明、博古等人持续推进"左"

---

① 《更加科学有效地防治腐败　坚定不移把反腐倡廉建设引向深入》，《光明日报》2013 年 1 月 23 日。

② 《习近平著作选读》第 2 卷，人民出版社 2023 年版，第 300 页。

③ 习近平：《高举中国特色社会主义伟大旗帜　为全面建设社会主义现代化国家而团结奋斗——在中国共产党第二十次全国代表大会上的报告》，《人民日报》2022 年 10 月 26 日。

倾冒险主义，坚持以城市为中心，不仅使党在白区的力量几乎损失殆尽，而且造成中央革命根据地第五次反“围剿”失败。在这样的情况下，中央红军被迫进行战略转移，湘江战役后的中央红军从出发时的八万多人锐减到三万多人。在中国共产党和红军生死攸关的紧急关头，遵义会议上确立了毛泽东在党中央和红军的领导地位。自此，“以毛泽东同志为核心的党的第一代中央领导集体带领全党全国各族人民完成了新民主主义革命，进行了社会主义改造，确立了社会主义基本制度，成功实现了中国历史上最深刻最伟大的社会变革，为当代中国一切发展进步奠定了根本政治前提和制度基础。在探索过程中，虽然经历了严重曲折，但党在社会主义建设中取得的独创性理论成果和巨大成就，为新的历史时期开创中国特色社会主义提供了宝贵经验、理论准备、物质基础”①。如果没有形成坚强有力的领导核心，特别是没有形成一个成熟的党中央，就不能形成全党的团结统一，中国革命、建设和改革开放的新局面就无法打开。在这个过程中，有一个重要经验不容忽视，就是确立了马克思主义正确路线在党内的指导地位。理论上的清醒为思想、意志和行动上的统一提供了前提和条件，也是确保党中央权威和集中统一领导的基础。正如新中国成立前夕，毛泽东曾经指出的那样，“我们党走过二十八年了，大家知道，不是和平地走过的，而是在困难的环境中走过的，我们要和国内外党内外的敌人作战。谢谢马克思、恩格斯、列宁和斯大林，他们给了我们以武器。这武器不是机关枪，而是马克思列宁主义”②。

（三）确保党中央权威和集中统一领导，是我们党坚持以民主集中制锻造严格组织纪律性的优良传统

所谓民主集中制，是民主基础上的集中和集中指导下的民主相结合

---

① 《十八大以来重要文献选编》上，中央文献出版社 2014 年版，第 8 页。

② 《毛泽东选集》第 4 卷，人民出版社 1991 年版，第 1469 页。

的制度，是党的根本组织原则和组织制度。2013 年 6 月，习近平总书记在全国组织工作会议上强调指出，“要健全和认真落实民主集中制的各项具体制度，促使全党同志按照民主集中制办事，促使各级领导干部特别是主要领导干部带头执行民主集中制。要严明党的组织纪律和政治纪律，教育引导党员、干部自觉维护中央权威，始终在思想上政治上行动上同党中央保持高度一致，维护党的团结统一”①。这种组织原则和组织制度在马克思主义建党学说中具有深厚的理论渊源。如马克思、恩格斯明确提出，“革命活动只有在集中的条件下才能发挥全部力量”②；列宁则较为全面地阐述和践行了民主集中制，并于 1906 年把“民主集中制”首次写入苏共章程，后又把这一原则作为世界各国共产党加入共产国际的条件，强调“加入共产国际的党，应该是按照民主集中原则建立起来的”③；毛泽东也强调，民主集中制，“它是民主的，又是集中的，就是说在民主基础上的集中，在集中指导下的民主”④。不难看出，在马克思主义经典作家那里，坚持民主集中制是马克思主义党建理论一以贯之的重要内容与原则。在新时代条件下，民主集中制保证了全党同以习近平同志为核心的党中央的高度一致。这主要取决于民主集中制及其“四个服从”的要求：一是党员个人服从党的组织，即全党同志必须牢记自己的第一身份是共产党员，第一职责是为党工作，做到忠诚于组织，特别是在行动上必须服从党的组织决定，决不允许在行动上与组织对着干；二是少数服从多数，即党内一切事务都要广泛听取党员意见和建议，按照多数党员意愿作出决定，而少数人在自己的意见被否决之后，必须拥护和执行多数人的决定；三是下级组织服从上级组织，

---

① 《十八大以来重要文献选编》上，中央文献出版社 2014 年版，第 352—353 页。
② 《马克思恩格斯选集》第 1 卷，人民出版社 2012 年版，第 562 页。
③ 《列宁专题文集（论无产阶级政党）》，人民出版社 2009 年版，第 273 页。
④ 《毛泽东选集》第 3 卷，人民出版社 1991 年版，第 1057 页。

即在党的组织体系中，存在着上级组织与下级组织，它们之间是领导与被领导之间的关系，但当上、下级组织出现意见不一致时，下级必须服从并坚决执行上级组织决定，除向再上一级组织报告外，不得公开发表不同意见；四是全党各个组织和全体党员服从党的全国代表大会和中央委员会，即党的全国代表大会和它产生的中央委员会是党的最高领导机关，具有最高地位和最高权力。这就决定了全党都要服从中央，都必须紧紧团结在中央周围，同中央在思想上、组织上、政治上、行动上保持高度一致。不难看出，民主集中制明确规定了党内各种矛盾关系及其正确处理，尤其是关于全党服从中央的要求，作为最重要的政治纪律，是保证全党团结统一的根本所在。

三、如何始终具备强大的执政能力和领导水平

习近平总书记提出党的第三个独有难题，即“如何始终具备强大的执政能力和领导水平”，原因在于“百年大党长期执政，思维惯性、行为惰性客观存在，一些老观念、老套路、老办法容易相沿成习，队伍不断发展壮大也带来干部良莠并存、参差不齐”，为此，“我们必须与时俱进提高科学执政、民主执政、依法执政水平，克服干部队伍中存在的能力不足、本领恐慌，确保适应新时代要求、具备领导现代化建设能力，做到政治过硬、本领高强，堪当民族复兴重任”①。根据这个重要判断，始终具备强大的执政能力和领导水平的要点在于坚持解放思想、实事求是、与时俱进、求真务实的思想路线，不断提升领导干部工作能

① 习近平：《论党的自我革命》，党建读物出版社、中国方正出版社、中央文献出版社 2023 年版，第 352—353 页。

力和本领。

长期以来，人口都是我国发展充满潜力与韧性的基础性因素。这也意味着，对于一个在14亿多人口大国长期执政的党来说，要始终具备强大的执政能力和领导水平，必然蕴含着对人口发展与经济社会发展的双向适应和动态均衡问题的足够认知。一方面，对标《中华人民共和国国民经济和社会发展第十四个五年规划和2035年远景目标纲要》，影响各项重大战略部署和目标能否顺利完成与实现的首要因素，即人口零增长或负增长带来的内生动力不足问题。另一方面，中国“十四五”及中长期人口变动趋势预测结果显示，2035年我国15～64岁年龄区间内的劳动力将达到9亿人以上，随着这部分人群受教育程度不断提高，挖掘和运用好人力资本带来的巨大红利，是我们党把握新机遇和迎接新挑战的力量来源之一。对此，根据实际和工作需要积极吸收优秀青年工人、青年农民、高级知识分子入党，既遵循了中国共产党自身建设规律，也契合于激活全面建设社会主义现代化国家内生动力需求。但这也在一定程度上对党员教育、管理、监督等工作提出挑战的同时，使全体党员特别是领导干部的能力不足、本领恐慌问题愈加凸显。简言之，始终具备强大的执政能力和领导水平，必须不断夯实广大党员干部想担当、能担当、敢担当之基，由此也构成了我们党由小到大、由弱到强，不断取得新胜利的成功经验。具体来说，夯实想担当、能担当、敢担当之基，需要注意两点：一方面，广大党员干部要自觉研究新情况、解决新问题、总结新经验，找准推进工作的切入点、解决问题的着力点。另一方面，基于深入调查研究，掌握真实情况和社情民意，进而推动调研成果转化，解决好群众急难愁盼问题和专项整治突出问题，也能够以此取得的扎实成效造福于民，为奋进新征程凝心聚力。越是难度大、见效慢的工作难点，越要抓在手上，不弃微末、不舍寸功，还要善于发现和解决各种苗头性、倾向性问题，以深化调查研究推动解决发展难题，真正把情况摸清、把问题找准、把根源查深、把对策提实，提出解决问题的新思路新办法，推动高质量发展取得新突破。新征程上，我们要实现第二个百年奋斗目标，广大党员干部必须准备接受风高浪急甚至惊涛骇浪的重大考验。因此，应对风险挑战的能力、本领和水平如何，成为我们党能否始终具备强大执政能力和领导水平的一个重要验证。对此，习近平总书记多次阐述领导干部应该具备的“八项本领”“七种能力”“七大思维”，成为确保党的各项工作都充分体现时代性、把握规律性、富于创造性的重要遵循。

事实上，我们党历届领导人都很注重以学促干。革命战争年代，“我们要建设一个大党，不是‘乌合之众’的党，而是一个独立的、有战斗力的党”[①] 客观上需要“有大批的有学问的干部做骨干”。对此，毛泽东指出，“我们的干部非学习不可。学习是我们注重的工作，特别是干部同志，学习的需要更加迫切，如果不学习，就不能领导工作，不能改善工作与建设大党。这领导工作、改善工作与建设大党，便是我们学习运动的直接原因”[②]。新中国成立后，面对西方世界的孤立、封锁以及社会主义现代化建设任务，他再次强调，“情况是在不断地变化，要使自己的思想适应新的情况，就得学习，即使是对于马克思主义已经了解得比较多的人，无产阶级立场比较坚定的人，也还是要再学习，要接受新事物，要研究新问题”[③]。党的十一届三中全会后，邓小平把加强学习同解放思想、实事求是、加快现代化建设紧密联系起来，强调“实现四个现代化是一场深刻的伟大的革命，在这场伟大的革命中，我们是在不断地解决新的矛盾中前进的。因此，全党同志一定要善于学

① 《毛泽东文集》第2卷，人民出版社1993年版，第179页。
② 《毛泽东文集》第2卷，人民出版社1993年版，第179页。
③ 《毛泽东文集》第7卷，人民出版社1999年版，第271页。

习，善于重新学习”①。面对社会主义市场经济发展中层出不穷的新情况新问题，江泽民指出，“我们不懂得、不熟悉、不精通的东西还很多，或者过去懂得的、熟悉的东西，随着科学技术的迅猛发展和知识的迅速更新，又变成不懂得、不熟悉了。所以唯一的办法，就是加强学习”②。党的十六大后，面对全面建设小康社会进程中世情国情党情民情发生的巨大变化，胡锦涛指出，“勤奋学习，是共产党员增强党性、提高本领、做好工作的前提”③。历史证明：我们党是一个善于在学中干、在干中学的政党。当然，这种学习不仅是善于向书本学，更根本的是在实践中学、向历史学、向人民群众学，尤其可贵的是还能从自身所犯错误的教训中学习。

当前，中国社会主义现代化强国建设的新征程已经起航。坚持文明交流互鉴使中国共产党在错综复杂的国际国内环境下，以始终站在人类社会发展正确一方的天下情怀，准确把握干事创业的时代脉搏和历史机遇，科学判断与时俱进的“时”“事”“势”，不断创新解决社会主要矛盾和基本问题的思维方式，对把我们党建设成为一个更加强有力的政党具有根本性的指导意义。这也意味着广大党员干部不仅要学习马克思主义基本理论、党的创新理论和方针政策，还必须加快知识更新，优化知识结构，不断拓宽眼界和视野，学习一切人类优秀文明成果，着力避免陷入少知而迷、不知而盲、无知而乱的困境。在这方面，习近平总书记曾经在很多场合有很多重要论述：2017 年 1 月在联合国日内瓦总部的演讲时强调，“文明没有高下、优劣之分，只有特色、地域之别。文明差异不应该成为世界冲突的根源，而应该成为人类文明进步的动力”④；

---

① 《邓小平文选》第 2 卷，人民出版社 1994 年版，第 152—153 页。

② 《十三大以来重要文献选编》下，中央文献出版社 2011 年版，第 2085 页。

③ 《中国共产党组织工作重要文献选编》，党建读物出版社 2016 年版，第 531 页。

④ 习近平：《共同构建人类命运共同体——在联合国日内瓦总部的演讲》，《光明日报》2017 年 1 月 20 日。

2018年6月在上海合作组织成员国元首理事会第十八次会议上的讲话中指出，“尽管文明冲突、文明优越等论调不时沉渣泛起，但文明多样性是人类进步的不竭动力，不同文明交流互鉴是各国人民共同愿望”[①]；2019年5月在亚洲文明对话大会开幕式上的讲话上提出，“认为自己的人种和文明高人一等，执意改造甚至取代其他文明，在认识上是愚蠢的，在做法上是灾难性的！如果人类文明变得只有一个色调、一个模式了，那这个世界就太单调了，也太无趣了！我们应该秉持平等和尊重，摒弃傲慢和偏见，加深对自身文明和其他文明差异性的认知，推动不同文明交流对话、和谐共生。我访问过世界上许多地方，最吸引我的就是韵味不同的文明，如中亚的古城撒马尔罕、埃及的卢克索神庙、新加坡的圣淘沙、泰国的曼谷玉佛寺、希腊的雅典卫城等。中国愿同各国开展亚洲文化遗产保护行动，为更好传承文明提供必要支撑”[②]；等等。对于一个人而言，到了知识经济时代，必须学习一辈子，才能始终跟上时代前进的脚步。而对于一个政党来说，也是如此。

四、如何始终保持干事创业精神状态

习近平总书记提出党的第四个独有难题，即“如何始终保持干事创业精神状态”，原因在于“执政几十年承平日久，许多党员、干部没有经历过生死考验，缺乏严峻斗争和艰苦环境的磨砺，容易追求安逸享乐而意志消沉、不思进取，容易在具有许多新的历史特点的伟大斗争面

① 习近平：《弘扬“上海精神” 构建命运共同体——在上海合作组织成员国元首理事会第十八次会议上的讲话》，《光明日报》2018年6月11日。

② 习近平：《深化文明交流互鉴 共建亚洲命运共同体——在亚洲文明对话大会开幕式上的主旨演讲》，《光明日报》2019年5月16日。

前慌了心神、乱了阵脚”，为此，“我们必须保持艰苦奋斗、奋发有为的精气神，敢于斗争、善于斗争，勇于担当作为，全力战胜前进道路上各种困难和挑战，依靠顽强斗争不断打开事业发展新天地”[①]。根据这个重要判断，始终保持干事创业精神状态的突破点在于多措并举鼓励党员干部既要发扬斗争精神，又要勇于担当作为，不断增强干事创业的精气神。

正如毛泽东在党的八届二中全会上所强调的那样，“人是要有一点精神的，无产阶级的革命精神就是由这里头出来的”[②]，而斗争精神就是中国共产党人代代相传的干事创业的精气神。关于这一崇高品格在不同发展阶段的具体表现，我们可以借助一些“红色口号”来加深认识和感受。例如：一滴汽油，一滴血；宁肯筋骨断，誓将原油翻四番；宁可少活二十年，也要拿下大油田；有条件要上，没有条件创造条件也要上；石油工人一声吼，地球也要抖三抖；工业学大庆；为国争光，为民族争气；等等。这些“红色口号”贯穿于我国石油工业发展的整个历史进程中，反映的是一个时代的问题，折射出的也是那个时代的声音。其中，“一滴汽油，一滴血”是抗日战争时期我国军用汽油匮乏的真实写照。众所周知，无论在世界反法西斯战争中，还是在中国战争史上，抗日战争都占据着重要地位。1937 年 7 月，七七事变发生后，中国全民族抗战开辟了世界第一个大规模反法西斯战场，世界反法西斯同盟国为了把汽油、汽车、武器、弹药、机电、轮胎、医疗药品、棉纱、布匹、通信器材等在内的各种军需品和工业必需品运到中国，专门修建了一条滇缅公路。但当时的中国是贫油国，工业和军用油料全赖进口，而滇缅公路建成通车后往来运输的大多也是油料。1942 年 1 月，日本开

① 习近平：《论党的自我革命》，党建读物出版社、中国方正出版社、中央文献出版社 2023 年版，第 353 页。

② 《毛泽东文集》第 7 卷，人民出版社 1997 年版，第 162 页。

始攻击缅甸，随后这条重要的军事要道中断。这给我国带来的直接后果就是军事物资尤其是油料匮乏程度几乎到了绝望的地步。对于作战部队来说，没有汽油，就没有大规模进攻能力，尤其是随着战事扩大，汽油短缺极大制约着我军的军事运输和战役策划。在这样的情况下，修建一条新的输油管道就成为我军取得战争胜利的当务之急。1943 年 10 月，“中印油管”修筑工程秘密开工。在中国负责修建的部分，由于机械严重短缺，数以千计的中国劳工和管道工兵几乎靠着手工铺设完成，很多人在抢修和保护输油管中牺牲。据《中国国防报》报道，抗战期间，围绕着这条输油管的谍战与反谍战、破坏与反破坏，一直都在进行，大小战斗达几十次。但也正是靠着这种“不怕牺牲，一往无前”的品质，我们最终赢得了胜利。新中国成立后，百废待兴。可是，要打开这个局面，并不容易。新中国成立之初，我国石油年产量仅 12 万吨，“贫油”的帽子压得我们喘不过气来。此外，西方国家妄图扼杀我们的新生政权，实施了石油禁运，并断言红色中国没有足够的燃料，根本支撑不了哪怕是一场防御性的现代战争……甚至连几个星期也不行。此时，缺油不仅影响经济发展，也严重威胁着国家安全。看着不能运转的飞机和坦克，朱德忧心忡忡地说：“没有石油，坦克、飞机不如一根打狗棍。”① 毛泽东也感叹：“看来发展石油工业，还得革命加拼命。”② 于是，从 1960 年开始，一场事关国运兴衰的石油大会战全面展开。石油人身上所具有的“不怕牺牲，一往无前”的品质，再次被上述一些“红色口号”展现得淋漓尽致。通过这段艰难的历史，我们也可以看到，战争并不只是军队的事情，战争胜利的取得，也不仅仅是只有军人就可以

① 付久江等：《人民英雄国家记忆文库　王进喜　我为祖国献石油》，中国青年出版社 2021 年版，第 10 页。

② 付久江等：《人民英雄国家记忆文库　王进喜　我为祖国献石油》，中国青年出版社 2021 年版，第 11 页。

了，而是需要整个民族的全部参与和国家资源的全部动员。到今天，我国石油工业释放出了蓬勃的生命力，也取得了很多新成就、新成绩。中国石油工业的发展，可以说是中国共产党立志于实现中华民族伟大复兴中国梦的一个缩影。然而，“北溪管道爆炸”事件也警示我们：站在新时代新征程上，我们所面临的任务艰巨程度、风险严峻程度，不亚于历史上任何一个年代。总之，回顾百年历程，中国共产党依靠斗争走到今天，展望岁月长河，中国共产党也必将依靠斗争走向未来。所以，一些干部不理解为什么和平年代还要发扬斗争精神，一个最主要的原因就是要从斗争精神中汲取智慧力量，以历史主动瞄准新目标、走好新征程。

习近平总书记在党的二十大报告中提出，“全党同志务必不忘初心、牢记使命，务必谦虚谨慎、艰苦奋斗，务必敢于斗争、善于斗争”①。这“三个务必”的重大论断彰显了一个百年大党新时代赶考的清醒和坚定。同时，“三个务必”重要论断的提出，让我们不能不联想到毛泽东曾提出的“两个务必”。1949 年 3 月，毛泽东在党的七届二中全会上强调：“务必使同志们继续地保持谦虚、谨慎、不骄、不躁的作风，务必使同志们继续地保持艰苦奋斗的作风。”② 从“两个务必”到“三个务必”，尽管时间上跨越了 70 多年，但这个发展是有其内在必然性的。其中，前者“两个务必”是特定历史时代的产物，反映了革命胜利后我们党“进京赶考”时对自身建设胸怀的积极心态，同时，也有对即将成立的新生政权未来命运的冷静思考。同样，后者“三个务必”也是特定历史条件的产物，是对走好“新时代赶考路”提出的新要求，反映了我们党在迈上全面建设社会主义现代化国家新征程、向着

① 《习近平著作选读》第 1 卷，人民出版社 2023 年版，第 1—2 页。
② 《毛泽东选集》第 4 卷，人民出版社 1991 年版，第 1438—1439 页。

第二个百年奋斗目标进军的精神状态。处在新的发展阶段，我们要严格履行“三个务必”的新要求，就必须积极发扬斗争精神，不断增强干事创业的历史主动。这其中，首要是明确斗争的内涵是什么。习近平总书记曾明确指出，“我们共产党人的斗争，从来都是奔着矛盾问题、风险挑战去的”①。新时代以来，习近平总书记着眼新的战略机遇、新的战略任务、新的战略阶段、新的战略要求、新的战略环境，对新的伟大斗争作出一系列重要论述：“我国发展进入各种风险挑战不断积累甚至集中显露的时期，面临的重大斗争不会少，经济、政治、文化、社会、生态文明建设和国防和军队建设、港澳台工作、外交工作、党的建设等方面都有，而且越来越复杂”；“在前进道路上我们面临的风险考验只会越来越复杂，甚至会遇到难以想象的惊涛骇浪。我们面临的各种斗争不是短期的而是长期的，至少要伴随我们实现第二个百年奋斗目标全过程”②；“我们要坚持底线思维，做好较长时间应对外部环境变化的思想准备和工作准备”③；“做好应对任何形式的矛盾风险挑战的准备，做好经济上、政治上、文化上、社会上、外交上、军事上各种斗争的准备”④；等等。这些重要论述基于党所处历史方位、面临形势任务、党情国情世情发展变化，为我们把握新的伟大斗争的历史特点指明了方向，既包括与各种错误思潮、不良风气斗争，也包括同各种危险倾向之间的所有斗争。因此，积极发扬斗争精神，对我们党以坚定历史自信和历史主动担当时代之责，具有深远的历史意义和重大的现实意义。

---

① 《发扬斗争精神　增强斗争本领　为实现“两个一百年”奋斗目标而顽强奋斗》，《光明日报》2019 年 9 月 4 日。

② 《发扬斗争精神　增强斗争本领　为实现“两个一百年”奋斗目标而顽强奋斗》，《光明日报》2019 年 9 月 4 日。

③ 《中共中央政治局常务委员会召开会议　分析国内外新冠肺炎疫情防控和经济运行形势　研究部署落实常态化疫情防控举措全面推进复工复产工作》，《光明日报》2020 年 4 月 9 日。

④ 《习近平谈治国理政》第 2 卷，外文出版社 2017 年版，第 223 页。

进一步讲，担当就是担责，担起为百姓谋福之责，担起奋力谱写新时代中国特色社会主义更加绚丽华章之责。敢担责、能担责、善担责，是新时代条件下一名党员干部能够忠诚履责、尽心尽责的基本素质和能力。这种素质和能力不是与生俱来的，也不会随着职级升迁自动提升，需要“加强对干部的教育培训，开展精准化的理论培训、政策培训、科技培训、管理培训、法规培训，增强适应新形势新任务的信心和能力。要把严格管理干部和热情关心干部结合起来，推动广大干部心情舒畅、充满信心，积极作为、敢于担当。要支持和保护那些作风正派又敢作敢为、锐意进取的干部，最大限度调动广大干部的积极性、主动性、创造性，激励他们更好带领群众干事创业”①。新时代十年来我们经历的具有重大现实意义和深远历史意义的三件大事证明：这种“干事创业”不是空话，需要夙兴夜寐地真干、实干和苦干。所谓“真干”，就是不弄虚作假、不欺上瞒下，不做表面文章、不搞形式主义，尽力尽责、一干到底；所谓“实干”，就是坚持一切从实际出发，察实情、讲实话，鼓实劲、出实招，办实事、求实效；所谓“苦干”，就是要埋头苦干，把兢兢业业、吃苦耐劳的精神贯穿于实际工作中。习近平总书记曾指出：“当前最重要的任务，就是撸起袖子加油干，一步一个脚印把党的二十大作出的重大决策部署付诸行动、见之于成效。”② 在这里，“撸起袖子加油干”集中诠释和展现了这种真干、实干和苦干的精神状态。当然，不可避免的是，现实中怕得罪人、做老好人，搞毫无原则的一团和气的人常有；各扫门前雪，不管他人瓦上霜，遇到问题躲着走的人常有；热衷形式主义、面子工程，圆滑世故的人常有；一味只想抢功

---

① 《聚焦发力贯彻五中全会精神　确保如期全面建成小康社会》，《光明日报》2016 年 1 月 19 日。

② 《撸起袖子加油干　同心共圆中国梦——广大干部群众认真学习贯彻党的二十大精神》，《人民日报》2022 年 10 月 26 日。

劳、不愿下苦功的人常有。这些人严重影响了党的公信力，危害了党和人民事业。究其缘由，最大的问题在于世界观、地位观、价值观、权力观、政绩观等错位，不知工作该为谁而干。因此，在任何情况下、任何时候，广大党员干部保持干事创业精神状态，还必须把人民群众放在心里、放在工作之首，像习近平总书记所要求的那样“做到信念坚定、为民服务、勤政务实、敢于担当、清正廉洁……勤政务实，党的干部必须勤勉敬业、求真务实、真抓实干、精益求精，创造出经得起实践、人民、历史检验的实绩”①。

五、如何始终能够及时发现和解决自身存在的问题

习近平总书记提出党的第五个独有难题，即“如何始终能够及时发现和解决自身存在的问题”，原因在于“堡垒最容易从内部被攻破，能打败我们的只有我们自己。我们这么大一个党，有着光荣的历史、伟大的成就，一些人很容易在执政业绩光环的照耀下出现忽略自身不足、忽视自身问题的现象，陷入‘革别人命容易，革自己命难’的境地”，为此，“我们必须坚持真理、修正错误，始终顺乎潮流、顺应民心，发扬经验、吸取教训，在世界形势深刻变化的历史进程中始终走在时代前列、朝着正确方向前进”②。根据这个重要判断，及时发现和解决自身存在问题的难处在于“灯下黑”现象常有，其应对之策就是坚持真理、修正错误，既发扬经验，也吸取教训。

众所周知，苏联作为世界上第一个社会主义国家，打破了资本主义

① 《习近平著作选读》第 1 卷，人民出版社 2023 年版，第 131 页。

② 习近平：《论党的自我革命》，党建读物出版社、中国方正出版社、中央文献出版社 2023 年版，第 353 页。

一统天下的局面，也开启了人类对社会主义制度的建设实践。但在列宁和斯大林时期，由于受冷战和军备竞赛影响，他们对社会主义的认识也仅仅着重于经济、政治、军事和一般意义上的文化建设，再加上后来的部分苏共领导人坚持和倡导了一些极具破坏性的价值观倾向，最终形成了一个与人民群众几乎没什么关联的特权阶层，不仅加速了苏联人民与苏共的决裂，也最终造成了苏联解体。所以，关于及时发现和解决自身存在的问题，苏联解体给了我们经验借鉴。不同于苏共，坚持真理、修正错误，既发扬经验，也吸取教训，是我们党自身建设和执政的基本原则。1945 年 6 月，纳粹德国投降，日本大势已去，中国人民即将迎来抗日战争的胜利。但是在建立一个怎样的政府方面，中国共产党和国民党意见不一，并由于国民党要擅自制定所谓的“宪法”，两党谈判被迫停止。对此，黄炎培等爱国民主人士主张宪法“必须在全国和谐一致的空气中产生”，于是联名致电毛泽东、周恩来，希望国共谈判能够继续。毛泽东、周恩来复电，表示热忱欢迎黄炎培等人赴延安。这样，就有了著名的延安“窑洞对”。毛泽东问道：“任之先生，这几天通过你的所见所闻，感觉如何?”黄炎培直言相答：“我生六十多年，耳闻的不说，所亲眼看见的，真所谓‘其兴也浡焉，其亡也忽焉’，一人、一家、一团体、一地方，乃至一国，不少单位都没有能跳出这周期率的支配力。大凡初时聚精会神，没有一事不用心，没有一人不卖力，也许那时艰难困苦，只有从万死中觅取一生。既而环境渐渐好转了，精神也渐渐放下了。有的因为历时长久，自然地惰性发作，由少数演为多数，到风气养成，虽有大力，无法扭转，并且无法补救。也有因为区域一步步扩大，它的扩大，有的出于自然发展，有的为功业欲所驱使，强求发展，到干部人才渐见竭蹶、艰于应付的时候，环境倒越加复杂起来了，控制力不免趋于薄弱了。一部历史，‘政怠宦成’的也有，‘人亡政息’的也有，‘求荣取辱’的也有。总之没有能跳出这周期率。”对于黄炎培的坦诚直言，毛泽东回答道：“我们已经找到新路，我们能跳出这周期率。这条新路，就是民主。只有让人民来监督政府，政府才不敢松懈。只有人人起来负责，才不会人亡政息。”由此可见，“民主”即让人民来监督政府，就是我们党找到的跳出历史周期率的第一个答案。

所谓“历史周期率”，主要指世界上任何一个国家的政权，都会经历兴衰治乱、往复循环，呈现出的周期性现象。对于这样一个关系党千秋伟业的重大理论和实践问题，中国共产党人始终在思索、一直在探索。进入新时代，习近平总书记在庆祝中国共产党成立 95 周年大会上提出，“全党要以自我革命的政治勇气，着力解决党自身存在的突出问题，不断增强党自我净化、自我完善、自我革新、自我提高能力”①。他在党的十九届六中全会上进一步强调，“自我革命精神是党永葆青春活力的强大支撑。先进的马克思主义政党不是天生的，而是在不断自我革命中淬炼而成的。党历经百年沧桑更加充满活力，其奥秘就在于始终坚持真理、修正错误。党的伟大不在于不犯错误，而在于从不讳疾忌医，积极开展批评和自我批评，敢于直面问题，勇于自我革命。只要我们不断清除一切损害党的先进性和纯洁性的因素，不断清除一切侵蚀党的健康肌体的病毒，就一定能够确保党不变质、不变色、不变味，确保党在新时代坚持和发展中国特色社会主义的历史进程中始终成为坚强领导核心”②，并在党的二十大报告中明确肯定，“经过不懈努力，党找到了自我革命这一跳出治乱兴衰历史周期率的第二个答案，自我净化、自我完善、自我革新、自我提高能力显著增强，管党治党宽松软状况得到根本扭转，风清气正的党内政治生态不断形成和发展，确保党永远不变

① 习近平：《在庆祝中国共产党成立 95 周年大会上的讲话》，《人民日报》2016 年 7 月 2 日。

② 《中共中央关于党的百年奋斗重大成就和历史经验的决议》，人民出版社 2021 年版，第 70—71 页。

质、不变色、不变味”[①]。

作为跳出治乱兴衰历史周期率的第二个答案，自我革命既是我们党一脉相承的优良传统，也是我们党不断开辟马克思主义理论、马克思主义中国化时代化新境界的动力之源。中国共产党由小到大、由弱到强的发展历程并不是一帆风顺的。例如：1927 年，大革命失败后，面临自成立后最为严峻的一次生死大考，党中央在汉口召开紧急会议（又称“八七会议”），不仅严肃批评了陈独秀等人的右倾机会主义错误，也重新制定并坚决执行土地革命和武装反抗国民党反动派的总方针。这之后，虽然革命形势得到恢复和好转，却是用大量流血牺牲为代价换来的革命新局面。2020 年 1 月，习近平总书记在“不忘初心、牢记使命”主题教育总结大会上指出：“强大的政党是在自我革命中锻造出来的。回顾党的历史，我们党总是在推动社会革命的同时，勇于推动自我革命，始终坚持真理、修正错误，敢于正视问题、克服缺点，勇于刮骨疗毒、去腐生肌。正因为我们党始终坚持这样做，才能够在危难之际绝处逢生、失误之后拨乱反正，成为永远打不倒、压不垮的马克思主义政党。”[②] 历史证明：只有始终如一地坚持自我革命，我们党才能始终成为中国人民和中华民族的先锋队，始终成为时代先锋、民族脊梁。在新的历史条件下，中国共产党人把人民监督和自我革命紧密结合起来，既为一个百年大党的风华正茂注入强大生机与活力，也把握了中国特色社会主义取得历史性成就和历史性变革的历史主动。同时，我们也要充分认识到，新时代新征程新使命新任务，党的自我革命任重而道远。因此，“落实新时代党的建设总要求，健全全面从严治党体系，全面推进党的自我净化、自我完善、自我革新、自我提高，使我们党坚守初心使

---

① 习近平：《高举中国特色社会主义伟大旗帜　为全面建设社会主义现代化国家而团结奋斗——在中国共产党第二十次全国代表大会上的报告》，《人民日报》2022 年 10 月 26 日。

② 《习近平著作选读》第 2 卷，人民出版社 2023 年版，第 301 页。

命，始终成为中国特色社会主义事业的坚强领导核心”①，理所当然地成为了新时代广大党员干部必然遵循的底线所在。

具体来说，从自我革命能力的提出，到将自我革命精神概括为党的百年奋斗所取得重大成就和历史经验之一，再到将其纳入党治国理政的更广阔空间和战略层面，深刻表明了我们党对及时发现和解决好自身问题的理性认知。一是增强党自我净化能力，有利于清除党的肌体中存在的各种顽瘴痼疾，彻底解决长期执政条件下的突出问题和隐患，维护好党的纯洁性。毛泽东曾告诫全党，“房子是应该经常打扫的，不打扫就会积满了灰尘；脸也是应该经常洗的，不洗也会灰尘满面。我们同志的思想，我们党的工作，也会沾染灰尘的，也应该打扫和洗涤……对于我们，经常地检讨工作，在检讨中推广民主作风，不惧怕批评和自我批评……‘有则改之，无则加勉’这些中国人民的有益的格言，正是抵抗各种政治灰尘和政治微生物侵蚀我们同志的思想和我们党的肌体的唯一有效的方法”②。在长期执政过程中，部分党员干部放松了对世界观的改造，马克思主义学风不扎实，久而久之就会造成理想信念缺失，尤其是在新的历史条件下腐败形式和方式层出不穷。因此，自我净化就是勤打扫思想和政治上的灰尘，这是关乎党的生死存亡的根本性要求。二是增强党自我完善能力，依靠全面从严治党的自信和底气，经受住“敢于斗争、敢于胜利”的时代考验。2014 年 3 月，习近平总书记在参加第十二届全国人民代表大会第二次会议安徽代表团审议时提出，各级领导干部应“既严以修身、严以用权、严以律己，又谋事要实、创业要实、做人要实”③。这个重要论述简明扼要且直击要害，对党员干部履职尽责中存在的不严不实问题以及各种苗头性问题进行直面查摆和整

① 《习近平著作选读》第 1 卷，人民出版社 2023 年版，第 52 页。
② 《毛泽东选集》第 3 卷，人民出版社 1991 年版，第 1096 页。
③ 《习近平著作选读》第 1 卷，人民出版社 2023 年版，第 226 页。

改，是新形势下全面从严治党的重大举措，增强了广大党员干部忠于组织、忠于人民、忠于马克思主义的思想自觉和行动自觉。三是增强党自我革新能力，是基于未来建设目标同当前自身建设发展出现的问题之间的差距，而主动求变创新以作出符合客观规律的、不断提高党的先进性和纯洁性、适应新发展阶段任务与要求的行为。对此，习近平总书记多次强调，我们党特别是领导干部要“具有自我革新的勇气和胸怀”。四是增强党自我提高能力，要自觉以问题为导向，不断强化质量意识。换句话说，衡量和评判党自我提升能力的一个主要标准，就是要看其解决问题的主观意愿。对于一个安于现状、不思进取的政党来说，自我提升能力是无从谈起的。但中国共产党具有崇高的历史使命，缺少了这种能力，就无法确保旺盛的生机与活力。尤其是随着人工智能发展带来的人类社会发展突然的“增速换挡”，实现中华民族伟大复兴的中国梦，必然要依靠我们党高举中国特色社会主义伟大旗帜，把好舵、找准前进方向，不断增强自我提升能力。总之，敢于自我净化、自我完善、自我革新、自我提高共同构成了自我革命的科学内涵，是我们党在深刻总结100多年奋斗经验基础上把马克思主义政党本质要求同党的初心使命、发展经验、执政理念结合起来，创造性地给出又一个跳出历史周期率的科学答案。

六、如何始终保持风清气正的政治生态

2024年3月26日一日之内，五起足球领域腐败案宣判。中国足球协会原主席陈戌源因受贿8103万余元，获判无期徒刑；中国足协原副主席、中国田径协会原主席于洪臣因受贿2254万余元，获刑13年；中国足协原常务副秘书长兼国家队管理部部长陈永亮、中超公司原总经理董铮、武汉全民健身中心原副主任刘磊分别获刑14年、8年、2年6个

月。通过此次宣判新披露的一些案情，结合央视之前播出的反腐专题片，足球圈腐败已到了令人发指的程度。以陈戌源为例，当选足协主席前一晚，就有两人各送上 30 万元“拜码头”，因为这是“老规矩了”。陈戌源从此沦陷其中，在长达 13 年的时间里受贿 217 次。刘磊，作为一名普通工作者的时候“兢兢业业、勤勤恳恳、积极上进”，一走上领导岗位，就开始疯狂敛财，收受 6 家企业共计 52 万元“感谢费”。

冰冻三尺，非一日之寒。塌方式、系统性腐败，反映出足球领域的政治生态堪忧。这种现象对中国足球造成的是全方位伤害——不仅破坏了足球生态，重创了国家的足球事业，也打击了公众对足球发展的信心。2024 年 4 月 8 日，中国足协召开全体大会。会上宣布，包括协会副秘书长在内，所有中层干部免去职务，等待组织机构调整之后的人事安排。内设部门由 19 个压缩为 14 个，新设立的 14 个部门均设置了筹备负责人，将在一周内完成部门人员调整、部门职能划分和工作交接，所有中层干部也将在此后得到正式任命。这条消息说明，净化足球领域政治生态的决心。

习近平总书记提出党的第六个独有难题，即“如何始终保持风清气正的政治生态”，原因在于“长期以来，各种弱化党的先进性、损害党的纯洁性的因素无时不有，各种侵蚀党的肌体健康的病毒无处不在，如果不严加防范，经常打扫政治灰尘，久而久之必将积重难返”，为此，“我们必须常怀忧患意识、底线思维，始终保持刀刃向内的坚定自觉，补钙壮骨、排毒杀菌、祛病疗伤、去腐生肌，涵养积极健康的党内政治文化，持续净化党内政治生态，汇聚激浊扬清的强大正能量，使党永远不变质、不变色、不变味”①。根据这个重要判断，始终保持风清

① 习近平：《论党的自我革命》，党建读物出版社、中国方正出版社、中央文献出版社 2023 年版，第 353—354 页。

气正的政治生态的首要是不断深化关于“政治生态”科学内涵的认识，进而引导党员干部常怀忧患意识、底线思维，深入理解积极健康党内政治文化与持续净化党内政治生态的重要性和必要性。

党员干部常怀忧患意识、底线思维，是我们党作为世界第一大马克思主义执政党的根本要求。这主要取决于党内政治生态的形成，是一个长期积累、潜移默化的过程，而营造和始终保持风清气正的政治生态，需要多管齐下、久久为功。要做到这一点，广大党员干部就必须充分认识“我们的事业越前进、越发展，新情况新问题就会越多，面临的风险和挑战就会越多，面对的不可预料的事情就会越多。我们必须增强忧患意识，做到居安思危，懂就是懂，不懂就是不懂；懂了的就努力创造条件去做，不懂的就要抓紧学习研究弄懂，来不得半点含糊”①。在这里，“政治生态”是习近平总书记基于具体“从政环境”提出的一个全新概念。在他看来，“做好各方面工作，必须有一个良好政治生态。政治生态污浊，从政环境就恶劣；政治生态清明，从政环境就优良。政治生态和自然生态一样，稍不注意，就很容易受到污染，一旦出现问题，再想恢复就要付出很大代价”②。这个比喻生动揭示了政治生态与从政环境之间的内在联系及其不可自我修复的特征，从而突出强调了营造良好政治生态的极端重要性。此外，他还进一步强调，“要突出强调领导干部这个关键，教育引导各级领导干部立正身、讲原则、守纪律、拒腐蚀，形成一级带一级、一级抓一级的示范效应，积极营造风清气正的从政环境”③。从保持风清气正的政治生态角度，明确了领导干部应具备的四种素质。

---

① 《习近平谈治国理政》，外文出版社 2014 年版，第 23 页。

② 《习近平关于全面从严治党论述摘编》，中央文献出版社 2016 年版，第 33 页。

③ 《习近平关于全面从严治党论述摘编》，中央文献出版社 2016 年版，第 33—34 页。

（一）立正身，涵养党内政治文化

所谓立正身，就是要像习近平总书记在十八届中央政治局第十六次集体学习时所要求的那样，各级领导干部尤其是高级干部“要坚守正道、弘扬正气，坚持以信念、人格、实干立身；要襟怀坦白、光明磊落，对上对下讲真话、实话；要坚持原则、恪守规矩，严格按党纪国法办事；要严肃纲纪、疾恶如仇，对一切不正之风敢于亮剑；要艰苦奋斗、清正廉洁，正确行使权力，在各种诱惑面前经得起考验”①。而要做到这一点，必须坚持惩前毖后、治病救人方针。一方面，把加强思想政治建设、思想道德教育摆在首位，最大限度激发和运用党内政治文化的强大正能量，以坚定“四个自信”；另一方面，还要深刻把握严管与厚爱，在营造风清气正的政治生态上的一致性、协同性，既严查违纪违法行为，又为干事者撑腰。对此，涵养积极健康的党内政治文化至关重要。积极健康的党内政治文化，不仅有利于维护党中央权威、保证党内团结统一，也是长期执政条件下提升广大党员干部积极防范和应对各种重大风险挑战的能力所需。然而，涵养积极健康党内政治文化，无法一蹴而就，需要广大党员干部自觉坚持以政治建设为统领，自觉加强党性教育和思想道德教育，广泛弘扬和践行社会主义核心价值观，把重品德、强修身、养心性化为工作常态。

（二）讲原则，严肃党内政治生活

党内政治生活具有规范党员行为的多项功能，例如：教育、管理党员以及强化党员的党性锻炼；通过树立正确选人用人导向、严格党的组织生活制度、开展批评与自我批评等方式方法，有效解决党内存在的各种问

① 《习近平关于全面从严治党论述摘编》，中央文献出版社2016年版，第33—34页。

题；通过规范党内各种关系、强化党的政治纪律和政治规矩、贯彻党的民主集中制原则，加强对权力运行的制约和监督；等等。也因此，有专家提出，“有什么样的党内政治生活，就有什么样的党员、干部作风”①。党性是指广大党员干部在政治上的原则性。具体来说，这种原则性主要体现在为广大党员干部在面临大是大非问题时要能够做到旗帜鲜明、立场坚定；体现在执行党的各项决议时，要能够做到不计较个人私利、不讲个人条件，绝对忠诚和服从于党组织的决定；体现在处理各种重大问题时，能够顾全大局，不被各种错误思想和“糖衣炮弹”所迷惑；体现在敢于同党内各种不良现象进行坚决斗争，切实维护党的先进性和纯洁性；等等。然而，目前党内存在的很多问题，几乎都可以溯源至党内政治生活不严肃、不正常。对此，自党的十八大以来，全面从严治党的实践表明：以习近平同志为核心的党中央坚持以上率下改作风，取得重大成效，包括把中央八项规定作为切入口和动员令，开展党的群众路线教育实践活动、“三严三实”专题教育、“两学一做”学习教育、“不忘初心、牢记使命”主题教育、党史学习教育、学习贯彻习近平新时代中国特色社会主义思想主题教育、党纪学习教育等一系列专题性和常态性教育，强化“四个意识”，严肃纪律、讲规矩等，党内政治生态得到极大净化。

（三）守纪律，首要是守牢政治纪律

党的纪律是全方位的要求，主要包括政治纪律、组织纪律、廉洁纪律、群众纪律、工作纪律、生活纪律六个方面。其中，摆在首位的是党的政治纪律。这主要取决于我们党的组织属性，首先是一个先进的政治组织。其成员的政治纪律情况反映的是这个组织的政治立场、政治态度、政治方向，是保证党内团结统一和党的整体战斗力的基本条件。因

① 戴焰军：《戴焰军讲稿》，中共中央党校出版社 2019 年版，第 202 页。

此，政治纪律是我们党对基层组织和全体党员的一贯要求，并在实践中具有一贯性、在空间上具有全面性。但现实中，违反政治纪律的党员干部以及各种现象仍然屡禁不止。例如：一段时间内，秦岭生态环境持续遭到破坏。当地政府于2007年即已通过并于次年实施被誉为我国首个为一座山脉而作的地方立法，即《陕西省秦岭生态环境保护条例》。根据该条例第十八条规定，“海拔2600米以上的秦岭中高山针叶林灌丛草甸生物多样性生态功能区为禁止开发区；海拔1500米以上至2600米之间的秦岭中山针阔叶混交林水源涵养与生物多样性生态功能区为限制开发区；海拔1500米以下的秦岭低山丘陵水源涵养与水土保持功能区为适度开发区”①，秦岭大量违建别墅、矿山企业均处在适度开发区的范围内。这是因为秦岭大部分区域都在海拔1500米以下。换句话说，这种政策法规中的模糊地带，被逐利违法和权力寻租钻了空子，以至于10多年来政府反复重申“禁墅令”，违建别墅却屡禁不绝、愈演愈烈。这也不难看出，秦岭生态现象背后隐藏的是一些领导干部有令不行、有禁不止的问题，严重违背了政治纪律和政治规矩。2020年4月20日，习近平总书记在陕西考察时强调，“陕西要深刻吸取秦岭违建别墅问题的教训，痛定思痛，警钟长鸣，以对党、对历史、对人民高度负责的精神，以功成不必在我的胸怀，把秦岭生态环境保护和修复工作摆上重要位置，履行好职责，当好秦岭生态卫士，决不能重蹈覆辙，决不能在历史上留下骂名”②。当前，违反政治纪律的表现形式多种多样：有的是大是大非问题上立场不坚定，随波逐流，做墙头草；有的是执行党的决议不坚决不彻底，只顾个人利益、打自己的小算盘；有的是面对党内出现的各种错

① 《陕西省秦岭生态环境保护条例》，中国政府网，https://www.gov.cn/flfg/2007-12/10/content_829788.htm。

② 《扎实做好“六稳”工作落实“六保”任务 奋力谱写陕西新时代追赶超越新篇章》，《光明日报》2020年4月24日。

误和危害党和人民利益的不良现象，明哲保身，不敢对其进行批评、开展斗争；等等。解决这些问题，当然应该从强化政治纪律教育入手。与此同时，还需要注意的是，政治纪律教育不能仅在课堂上进行，广大党员干部必须在实践中树牢“红线”意识，坚决遵守《中国共产党纪律处分条例》，彻底杜绝习近平总书记提到的“七个有之”等问题。

（四）拒腐蚀，重点纠治形式主义、官僚主义不良风气

坚决纠治形式主义、官僚主义不良风气，切实增强基层党组织的政治功能和组织功能，是打赢反腐败斗争攻坚战、持久战的条件和基础。对此，习近平总书记曾在很多场合提出了重要指示。例如：2020 年 4 月，习近平总书记在浙江考察时特别指出，“各级党委（党组）要把党建工作紧紧抓在手上，把党员、干部的经常性教育管理抓实，把基层党组织这个基础夯实，把全面从严治党的要求落实到位。各级党组织特别是基层党组织要在联系服务群众上多用情，在宣传教育群众上多用心，在组织凝聚群众上多用力。要聚焦形式主义、官僚主义问题开展全面检视、靶向治疗，切实为基层减负，让干部有更多时间和精力抓落实”①；同月，在陕西考察时指出，“延安精神培育了一代代中国共产党人，是我们党的宝贵精神财富。要坚持不懈用延安精神教育广大党员、干部，用以滋养初心、淬炼灵魂，从中汲取信仰的力量、查找党性的差距、校准前进的方向。要把政治建设摆在首位，严肃党内政治生活，严格落实中央八项规定及其实施细则精神，坚决破除形式主义、官僚主义，构建一体推进不敢腐、不能腐、不想腐体制机制，为各项事业发展提供坚强保障”②；

---

① 《统筹推进疫情防控和经济社会发展工作　奋力实现今年经济社会发展目标任务》，《光明日报》2020 年 4 月 2 日。

② 《扎实做好“六稳”工作落实“六保”任务　奋力谱写陕西新时代追赶超越新篇章》，《光明日报》2020 年 4 月 24 日。

2020 年 5 月，在山西考察时指出，“要坚持以政治建设为统领，坚持不懈抓好党内政治生态建设，加强理想信念教育，巩固深化主题教育成果，严格遵守政治纪律和政治规矩，落实全面从严治党主体责任，一体推进不敢腐、不能腐、不想腐，增强基层党组织政治功能和组织力，坚决反对形式主义、官僚主义，旗帜鲜明同各种不正之风作斗争”①；等等。但从现实看，腐败和形式主义、官僚主义问题仍然严重危害着党的政治生态，由此构成了党内政治生态风清气正的一个重要标志，即坚决破除特权思想、特权行为。一方面，通过严把政治关、品行关、作风关、廉政关、能力关，真正把忠诚干净担当的高素质干部选出来、用起来，达到以用人环境的“山清水秀”换党内政治生态“山清水秀”的效果；另一方面，《中共中央关于加强党的政治建设的意见》明确规定“净化政治生态”，就“必须把营造风清气正的政治生态作为基础性、经常性工作，浚其源、涵其林，养正气、固根本，锲而不舍、久久为功，实现正气充盈、政治清明”②。这也意味着营造和始终保持风清气正的政治生态，对于9804.1万名党员、506.5万个基层党组织来说，既是底线，也是红线。

2024 年 1 月 8 日，习近平总书记在二十届中央纪委三次全会上强调，“经过新时代十年坚持不懈的强力反腐，反腐败斗争取得压倒性胜利并全面巩固，但形势依然严峻复杂。我们对反腐败斗争的新情况新动向要有清醒认识，对腐败问题产生的土壤和条件要有清醒认识，以永远在路上的坚韧和执着，精准发力、持续发力，坚决打赢反腐败斗争攻坚战持久战”，并提出了持续推进自我革命的九个方面，即“以坚持党

---

① 《全面建成小康社会　乘势而上书写新时代中国特色社会主义新篇章》，《光明日报》2020 年 5 月 13 日。

② 《中共中央关于加强党的政治建设的意见（2019 年 1 月 31 日）》，《光明日报》2019 年 2 月 28 日。

中央集中统一领导为根本保证，以引领伟大社会革命为根本目的，以习近平新时代中国特色社会主义思想为根本遵循，以跳出历史周期率为战略目标，以解决大党独有难题为主攻方向，以健全全面从严治党体系为有效途径，以锻造坚强组织、建设过硬队伍为重要着力点，以正风肃纪反腐为重要抓手，以自我监督和人民监督相结合为强大动力”①。这些新任务新内容标志着我们党对“时刻保持解决大党独有难题的清醒和坚定”认识的再提升、实践的再深入，也是新时代新征程广大党员干部“守红线、明底线”的严要求、高标准。

① 《深入推进党的自我革命　坚决打赢反腐败斗争攻坚战持久战》，《人民日报》2024 年 1 月 9 日。

第五章 常讲政德　坚守底线

加强政德建设是党的建设的内在要求，也是新时代全面从严治党的现实需要。习近平总书记强调："领导干部要讲政德。政德是整个社会道德建设的风向标。立政德，就要明大德、守公德、严私德。"①党员干部只有牢记初心使命，继承和发扬党的优良革命传统和作风，常修为政之德、常怀敬畏之心，才能织牢从政底线，以优良政德推动政治生态清朗，筑牢党长期执政的坚实根基。

---

① 《习近平李克强栗战书赵乐际分别参加全国人大会议一些代表团审议》，《人民日报》2018年3月11日。

一、讲政德，领导干部的立身之本、从政之基

国无德不兴，人无德不立。中国自古以来，就十分重视政德问题，传统文化强调“修身正心”“德行天下”，为官从政者要以德修身、以德为政。《礼记·大学》倡导格物、致知、诚意、正心、修身、齐家、治国、平天下。《贞观政要》提出“若安天下，必须先正其身”。《论语》第二篇《为政》开宗明义讲“为政以德，譬如北辰，居其所而众星共之”。我国历代官箴书，都对为政者道德修养、个人操守提出了严格要求，始终把“道德价值”放在首位。由此可见，中华优秀传统文化是党的建设的“肥沃土壤”，对提升党员干部政德修养具有重要价值。党的二十大报告指出，中华优秀传统文化源远流长、博大精深，是中华文明的智慧结晶，其中蕴含的天下为公、民为邦本、为政以德、革故鼎新、任人唯贤、天人合一、自强不息、厚德载物、讲信修睦、亲仁善邻等，是中国人民在长期生产生活中积累的宇宙观、天下观、社会观、道德观的重要体现，同科学社会主义价值观主张具有高度契合性。

正人先正己，心正则身修；德高则望重，德高以率众。中国共产党自成立起就重视道德修养的作用，把为共产主义、社会主义而奋斗确定为自己的纲领，把为人民谋利益作为奋斗目标，把对党忠诚作为党性修养的根本要求。综观波澜壮阔的百年奋斗历程，政德建设始终贯穿其中。我们党根据形势任务变化和时代发展要求，把政德建设与干部队伍建设、党的建设有机结合，在政德建设方面进行了探索，为党和国家中心工作提供了坚实保障。建党初期，我们党就非常注意道德教育。1929年12月，毛泽东强调要纠正党内存在的错误思想，指出个人主义倾向的突出表现，并提出具体纠正方法，即“加强教育，从思想上纠正个

人主义。再则处理问题、分配工作、执行纪律要得当”[1]。古田会议通过的决议案着重从思想上建党，提出党员的五条标准：政治观念没有错误；忠实；有牺牲精神，能积极工作；没有发洋财的观念；不吃鸦片，不赌博。新民主主义革命时期，党创建了红军大学、抗日军政大学、陕北公学等院校，在转变党员干部思想、提高道德修养方面发挥了重要作用。延安时期，毛泽东同志号召全党同志要向国际共产主义战士白求恩学习，做“一个高尚的人，一个纯粹的人，一个有道德的人，一个脱离了低级趣味的人，一个有益于人民的人”。1941—1945 年，中国共产党历史上第一次大规模的整风运动即延安整风在全党进行。延安整风是党的建设史上的一个创举，实现了党的干部的思想升华，以及党的干部的思想统一。社会主义革命和建设时期，大多数党员干部保持了战争年代艰苦奋斗的优良作风，但也有一些党员干部未能经受住糖衣炮弹袭击，出现了一些贪污腐化问题。1951 年 12 月，中共中央作出《关于实行精兵简政、增产节约、反对贪污、反对浪费和反对官僚主义的决定》，要求采取自上而下和自下而上相结合的方法，检查贪污浪费现象。刘青山、张子善因贪污腐化被执行死刑，成为中国共产党执政初期干部道德建设的反面典型。改革开放初期，受苏联解体、东欧剧变影响，一些党员干部对共产主义理想信念产生了动摇。邓小平告诫全党，共产主义的理想和信念是社会主义制度的“真正优势”，“我们的信念理想就是要搞共产主义”“共产主义的理想是我们的精神支柱”。1986 年，《中共中央关于严格按照党的原则选拔任用干部的通知》强调：“决定提拔干部前，必须按拟任职务所要求的德才条件进行严格考察。考察干部要历史地全面地了解德、能、勤、绩。”干部品德被摆在了第一位。2009 年，《中共中央关于加强和改进新形势下党的建设若干重大

---

① 《毛泽东选集》第 1 卷，人民出版社 1991 年版，第 93 页。

问题的决定》指出："坚持德才兼备、以德为先用人标准。把干部的德放在首要位置，是保持马克思主义执政党先进性和纯洁性的根本要求和重要保证。选拔任用干部既要看才、更要看德，把政治上靠得住、工作上有本事、作风上过得硬、人民群众信得过的干部选拔上来。"干部的道德品行被作为新形势下加强和改进党的建设的重要内容。

习近平总书记一直关注政德问题。早在1990年3月，他在任宁德地委书记时，就在《从政杂谈》中提出为官之德在于清廉；2003—2007年任浙江省委书记期间，在《用权讲官德　交往有原则》《多读书，修政德》《做人与做官》等文章中，将共产党人的官德概括为为民、务实和清廉，并提出要常修为政之德、常思贪欲之害、常怀律己之心；2009年12月，在全国组织部长会议上对政德提出了明确要求，指出在新的历史条件下，面对长期复杂严峻的执政考验、改革开放考验、市场经济考验、外部环境考验，干部德的问题更加凸显。识别干部的德，要注重考察干部的政治品质和道德品行，重点看是否忠于党、忠于国家、忠于人民，是否确立正确的世界观、权力观、事业观，是否真抓实干、敢于负责、锐意进取，是否作风正派、清正廉洁、情趣健康。党的十八大以来，习近平总书记高度重视道德建设，就党员干部政德建设作出一系列重要论述，创造性地把政德建设纳入党的建设、干部队伍建设范畴，深刻回答了领导干部"为什么树政德、树什么样的政德、怎样树政德"等理论和实践问题，系统阐述了新时代党员干部政德建设相关问题，为新时代广大党员干部树政德、讲政德指明了方向，提供了根本遵循。2014年5月，习近平总书记在北京大学师生座谈会上的重要讲话指出，道德之于个人、之于社会，都具有基础性意义，做人做事第一位的是崇德修身。这就是我们的用人标准为什么是德才兼备、以德为先，因为德是首要、是方向，一个人只有明大德、守公德、严私德，其才方能用得其所。2016年6月，习近平总书记在十八届中央政治局第三十三次集体学习时指出，要加强道德教育，引导党员特别是领导干部明大德、严公德、守私德，重品行、正操守、养心性。2018 年 3 月 10 日，习近平总书记在全国两会期间参加重庆代表团审议时，深刻阐释了立政德的时代内涵和实践要求，强调立政德，就要明大德、守公德、严私德。这标志着习近平总书记系统完整的政德观的正式形成。

2019 年，中共中央颁布《关于加强党的政治建设的意见》指出，领导干部特别是高级干部要带头加强党性修养，知敬畏、存戒惧、守底线，坚决防范被利益集团“围猎”，持之以恒锤炼政德，明大德、守公德、严私德，带头遵守《中国共产党廉洁自律准则》，注重家庭家教家风，自觉做廉洁自律、廉洁用权、廉洁齐家的模范。

（一）政德的基本内涵

“政德兴，则政权安；政德衰，则政权乱。”政德，即为政之德，在传统文化中既指以德作为治国的原则，也指为官者应具有的德行。古人对于政德的认识最早从西周开始，西周康王时期的大盂鼎铭文中即有“正德”二字。政德就是领导干部在政治生活、公共管理以及个人日常生活中应遵守的道德准则和行为规范，是领导干部的政治操守和职业道德，是基本的从政德行，更是整个社会道德建设的风向标和晴雨表。中国共产党作为执政党，党员干部尤其是领导干部的政德既反映党的性质、宗旨和使命的要求，也包含行使公共权力、履行公共职责所必须遵行的职业道德规范，还包括个体的人格和品德修养。中国共产党倡导的新时代政德，既传承中华文明血脉，又突破了历史上政德观的局限性，赋予了更高标准和内涵。领导干部的政德状况如何，不仅是个人修身问题，更直接关系党在人民群众心目中的形象，关系党的创造力、凝聚力、战斗力，关系党和国家事业兴衰成败。历史和现实充分证明，从政者常修为政之德，社会才会风清气正，事业才会兴旺发达，人民才会幸福安康。

反之，私心就会大于公心，社会风气就会败坏，从而陷入严重危机之中。

一个政党，如果在道德上失去了民心，就等于失去了群众支持，就会面临亡党亡国危险。抗战胜利伊始，国民政府开始大规模接收总价值超过4万亿元的日伪产业。一时间，各类接收大员遍地开花、四面出击，趁机大肆营私舞弊、贪污盗窃，个人腰包鼓鼓的。他们公然包庇汉奸，纷纷占房子、抢车子、夺金子、捞票子、玩婊子，给收复区人民留下极坏印象，被讥讽为“五子登科”，接收沦为“劫收”，导致全国舆论哗然，民怨沸腾，新闻媒体纷纷公开指责国民政府贪污腐败。毛泽东曾对国统区和解放区作过比较：“利用抗战发国难财，官吏即商人，贪污成风，廉耻扫地，这是国民党区域的特色之一。艰苦奋斗，以身作则，工作之外，还要生产，奖励廉洁，禁绝贪污，这是中国解放区的特色之一。”① 1940年2月1日，延安军民召开声势浩大的“讨汪大会”，毛泽东发表演讲，提到了“十个没有”，即一没有贪官污吏，二没有土豪劣绅，三没有赌博，四没有娼妓，五没有小老婆，六没有叫化子，七没有结党营私之徒，八没有萎靡不振之气，九没有人吃摩擦饭，十没有人发国难财。陕甘宁边区“十个没有”是共产党人勤政律己、修清廉之德的生动体现，与国统区形成了鲜明对比。1940年5月31日至6月8日，爱国华侨陈嘉庚来到延安，度过了他毕生难忘的9天，在一番考察之后感慨地说：“得天下者，共产党也！”陈嘉庚对延安和中国共产党得出以下结论：一是没有苛捐杂税，不像国统区那样捐税多如牛毛；二是领导人廉洁，他们的工资标准和一般干部、士兵相差很小，这同国民党达官贵人的贪污腐败形成鲜明对照；三是没有乞丐、妓女和失业的人，人民生活过得去，不像国民党统治区那样民不聊生；四是领导人与人民群众平等相处，不像国民党统治区那样等级森严；五是社会

---

① 《毛泽东选集》第3卷，人民出版社1991年版，第1048页。

治安好；六是男女关系严肃；七是朴素成风；八是民主风气好，县长是民选的。正如后来他在《南侨回忆录·弁言》中所写的那样：“余观感之余，衷心无限兴奋，梦寐神驰，为我大中华民族庆祝也。”

（二）政德建设的主要特征

政德建设的主要特征包括以下几个方面。

1. 鲜明的政治性

加强政德建设、营造良好政治生态，要首先从政治上认识把握、从政治上贯彻落实，坚持把政治建设摆在首位。政德本质上是领导干部的从政美德，习近平总书记关于政德建设的重要论述，把领导干部的党性教育和道德修养融为一体，把领导干部之“德”聚焦为“政德”，促进了政治建设和道德建设有机融合，阐释了新时代党的政治建设的道德意蕴，彰显了领导干部道德建设的政治站位。

2. 广泛的人民性

政德建设充分体现了人民立场这个新时代重要特征，要求党员干部自觉强化宗旨意识，全心全意为人民服务，自觉践行人民对美好生活的向往就是我们的奋斗目标的承诺，诠释了追求以人为本、人民至上的价值取向和立党为公、执政为民的执政理念，既继承了传统文化中以民为本、以上率下等思想精华，又突出了人民的主体地位，实现了对传统思想的创新和转化。

3. 科学的实践性

我们党始终重视领导干部政德建设，在各个历史时期积极探索科学有效的政德建设方针和策略。特别是党的十八大以来，以习近平同志为核心的党中央科学总结政德建设成功经验，在学习教育、民主生活、作风建设、干部监督等各个方面继续传承发扬党的优良传统，取得了显著成效。经过百年建党历程，党积累了严肃党内政治生活、强化集中性教育和经常性教育、开展批评和自我批评、加强党内监督、接受人民监督等一系列政德建设的成功经验。

4. 典型的示范性

中国共产党是中国人民和中华民族的先锋队，是法治和德治建设的领导者和推进者，政德建设状况对全社会的思想道德建设和社会风气具有重要的示范引领和导向作用。实践证明，政德建设效果好，就会促进社会良好道德风气的形成；反之，就会产生不良示范效应，对社会道德、社会风气造成负面影响。领导干部常修为政之德，自觉加强政德建设，发挥示范引领作用，对于形成良好社会道德风尚具有重要促进作用。

（三）政德建设的重要性

加强政德建设具有十分重要的意义。

1. 政德是社会道德建设的风向标

政德在整个社会道德体系中居于主导地位，对于国家兴旺和个人立世具有支撑性作用，领导干部政德状况直接关系到社会主义道德建设的成效。习近平总书记高度重视道德建设，指出“自古以来，官德隆，民德昌；官德毁，民德降”①，要求领导干部“努力成为全社会的道德楷模，带头践行社会主义核心价值观，讲党性、重品行、作表率，带头注重家庭、家教、家风，保持共产党人的高尚品格和廉洁操守，以实际行动带动全社会崇德向善、尊法守法”②。政德淳则民德厚，领导干部的道德操守和政德修养关乎社会公平正义、关乎国家兴衰存亡，优良的政德涵养是引领全社会向上向善的道德风尚。社会道德状况直接关系到

① 习近平：《用权讲官德　交往有原则》，《求是》2004 年第 19 期。

② 《坚持依法治国和以德治国相结合　推进国家治理体系和治理能力现代化》，《人民日报》2016 年 12 月 11 日。

国家兴亡和长治久安。以罗马为例，从一个小城邦成为横跨欧亚非三大洲、人口达数千万的大帝国，一个重要原因在于立国之初罗马公民保持了传统美德，崇尚冷静、勤劳、纪律和义务，将道德规范、感情和习惯置于国家最高权力之下，公民价值取向与国家利益紧密联系在一起。然而，随着征服战争的胜利，巨额财富和物质文明传入，罗马民族引以为荣的传统美德逐渐瓦解，贵族耽于享乐，平民醉生梦死，沉溺于“面包加竞技”，罗马官场“没有谦逊、没有廉洁、没有诚实”“贿赂和暴力成为罗马选举中的常见现象”，上行下效、放纵欲望成为此时罗马人的道德标准和行为准则，导致公民政治观、价值观、家庭观、生活观发生急剧变化，社会风气堕落败坏，积极向上的价值取向与传统美德渐行渐远，从上至下的道德沦丧成了社会普遍现象，最终导致了罗马帝国的崩盘和衰亡。领导干部作为“关键少数”，只有具备良好政德，其言行堪作社会的楷模，才能树立道德标杆，引领社会风尚。

2. 政德建设是作风建设的重要内容

作风建设关系人心向背，决定党的命运。少数党员干部腐化堕落，往往是从作风滑坡开始的。少数领导干部在“糖衣炮弹”面前、在诱惑面前“打了败仗”，原因之一就是缺乏抵制诱惑的政治定力与道德定力。党的二十大报告指出，党面临的执政考验、改革开放考验、市场经济考验、外部环境考验将长期存在，精神懈怠危险、能力不足危险、脱离群众危险、消极腐败危险将长期存在。习近平总书记在主题教育工作会议上强调，党内存在的思想不纯、组织不纯、作风不纯等突出问题尚未得到根本解决，一些已经解决的问题有可能死灰复燃，一些新的问题还在不断出现。[①] 加强领导干部政德建设，有利于不断改进思想作风、

① 习近平：《在学习贯彻习近平新时代中国特色社会主义思想主题教育工作会议上的讲话》，《求是》2023 年第 9 期。

工作作风、生活作风，持之以恒正风肃纪，将全面从严治党引向深入。面对新形势新变化，领导干部要自觉讲修养、讲道德、讲廉耻，追求积极向上的生活情趣，为全社会作出示范和表率。

3. 加强政德建设是巩固党的执政基础的内在要求

领导干部作为国家和社会各领域的管理者，政德状况直接关系到党执政基础的巩固，关系到科学执政、民主执政、依法执政效能。党的执政地位和领导地位并不是自然而然就能长期保持下去的，需要不断夯实政治根基。习近平总书记反复强调，人民群众拥护和支持是我们党最可靠的力量源泉，人民是党执政的最大底气，也是执政党最深厚的根基。党的根基在人民、血脉在人民。在历史的长河中，那些帝国的崩溃、王朝的覆灭、执政党的下台，无不与其当政者不立德、不修德、不践德有关，无不与其当权者作风不正、腐败盛行、丧失人心有关。民心是最大的政治，无产阶级政党在道德价值要求上要有强烈的人民导向，始终站稳人民立场，践行群众路线。

4. 加强政德建设是净化党内政治生态的重要支撑

领导干部的政德决定一个地方、一个单位的政治生态。习近平总书记指出，严肃认真的党内政治生活、健康洁净的党内政治生态，是党的优良作风的生成土壤，是党的旺盛生机的动力源泉，是保持党的先进性纯洁性、提高党的创造力凝聚力战斗力的重要条件，是党团结带领全国各族人民完成历史使命的有力保障，是我们党区别于其他非马克思主义政党的鲜明标志。加强政德建设是马克思主义政党的基本要求，推动全面从严治党向纵深发展，营造风清气正、海晏河清的党内政治生态，必须加强领导干部政德建设，培养优良政治品德。

5. 加强政德建设是加强干部队伍建设的客观需要

一个政党、一个国家能不能不断培养出优秀领导人才，在很大程度上决定着这个政党、这个国家的兴衰存亡。习近平总书记高度重视品德对于干部成长成才的重要作用，指出以德修身、以德立威、以德服众，是干部成长成才的重要因素。[①] 我们党历来强调德才兼备，并强调以德为先。德包括政治品德、职业道德、社会公德、家庭美德等，干部在这些方面都要过硬，最重要的是政治品德要过硬。这既是对历史和现实经验教训的深刻总结，也是对广大党员干部的谆谆教诲。政德建设对于干部执政能力、执政本领具有重要影响。新时代提升党的执政能力，打造高素质专业化干部队伍，必须把政德修养摆在干部队伍建设的突出位置。领导干部只有在自身德行上下足功夫，才能成为党和人民信赖的好干部。

二、明大德，对党绝对忠诚

明大德是领导干部在政治生活中涉及根本原则、根本方向等方面的道德要求，在政德规范体系中处于核心地位、最高层次。明大德是领导干部政德建设的首要任务，就是要铸牢理想信念、锤炼坚强党性，在大是大非面前旗帜鲜明，在风浪考验面前无所畏惧，在各种诱惑面前立场坚定。

（一）坚持固本培元，铸牢理想信念

习近平总书记强调，一名干部有了坚定的理想信念，站位就高了，心胸就开阔了，就能坚持正确政治方向，做到“风雨不动安如山”。[②] 坚定理想信念，坚守共产党人精神追求，始终是共产党人安身立命的根

---

① 习近平：《在庆祝中国共产党成立95周年大会上的讲话》，《人民日报》2016年7月2日。

② 《在常学常新中加强理论修养　在知行合一中主动担当作为》，《人民日报》2019年3月2日。

本，没有理想信念，理想信念不坚定，精神上就会“缺钙”，就会得“软骨病”。综观那些落马的腐败分子，从根上讲就是理想信念出了问题，丧失了坚强的党性，在风浪面前没能挺住，在诱惑面前动摇了立场。对马克思主义的信仰，对社会主义和共产主义的信念，是共产党人的政治灵魂，是共产党人经受住任何考验的精神支柱。欲成大事必修大德，我们党之所以能克服千难万险，夺取革命、建设、改革一个又一个胜利，始终保持生机活力，大步迈进中国特色社会主义新时代，就在于广大党员干部始终胸怀大德，牢记中国共产党是什么、要干什么这个根本问题，坚定理想信念，保持坚强党性，牢记初心使命。2012 年 11 月 29 日，党的十八大刚刚闭幕不久，习近平总书记带领中央政治局常委和中央书记处的同志参观《复兴之路》展览，当他看到陈列柜中的《共产党宣言》中文全译本时，就讲到了陈望道翻译《共产党宣言》的故事，讲“真理的味道非常甜”。1920 年春夜，浙江义乌分水塘村一间久未修葺的柴屋。两张长凳架起一块木板，既是床铺，又是书桌。桌前，有一个人在奋笔疾书。母亲在屋外喊：“红糖够不够，要不要我再给你添些？”儿子应声答道：“够甜，够甜的了！”谁知，当母亲进来收拾碗筷时，却发现儿子的嘴里满是墨汁，红糖却一点儿也没动。原来，儿子竟然是蘸着墨汁吃掉粽子的！1920 年 8 月，陈望道翻译的第一本中文版《共产党宣言》在上海正式问世。《共产党宣言》直接催生了中国共产党的成立，滋养了一代又一代中国共产党人。毛泽东同志曾说，《共产党宣言》，我看了不下 100 遍。邓小平同志也说过：我的入门老师是《共产党宣言》和《共产主义 ABC》。习近平总书记多次强调，党员领导干部要原原本本地阅读马克思主义原著，把马克思主义作为看家本领，特别要求领导干部精读《马克思恩格斯文集》《列宁专题文集》中的代表性篇目，其中首篇就是《共产党宣言》。

理想信念是立党兴党之基，是党员干部安身立命之本，只有理想信念坚定，用坚定理想信念炼就了“金刚不坏之身”，才能在大是大非面前旗帜鲜明，在风浪考验面前无所畏惧，在各种诱惑面前立场坚定，在关键时刻靠得住、信得过、能放心。

（二）对党绝对忠诚，严守纪律规矩

天下至德，莫大乎忠。忠诚是内心的信仰，是精神的高地，是力量的源泉。对党忠诚，是共产党人首要的政治品格，最基本的要求、最核心的操守。立政德，就要始终保持对党的忠诚之心。习近平总书记强调，我们党一路走来，经历了无数艰险和磨难，但任何困难都没有压垮我们，任何敌人都没能打倒我们，靠的就是千千万万党员的忠诚。① 建党之初，我们党形成了坚持真理、坚守理想，践行初心、担当使命，不怕牺牲、英勇斗争，对党忠诚、不负人民的伟大建党精神。入党誓词“我志愿加入中国共产党，拥护党的纲领，遵守党的章程，履行党员义务，执行党的决定，严守党的纪律，保守党的秘密，对党忠诚，积极工作，为共产主义奋斗终身，随时准备为党和人民牺牲一切，永不叛党”，短短 80 个字诠释了初心使命，句句直言忠诚。《关于新形势下党内政治生活的若干准则》明确要求，“党的各级组织和全体党员必须对党忠诚老实、光明磊落，说老实话、办老实事、做老实人，如实向党反映和报告情况，反对搞两面派、做‘两面人’，反对弄虚作假、虚报浮夸，反对隐瞒实情、报喜不报忧”。对党绝对忠诚关键在“绝对”两个字，就是唯一的、彻底的、无条件的、不掺任何杂质的、没有任何水分的忠诚。只有以党的旗帜为旗帜、以党的意志为意志、以党的使命为使命，才能做到对党绝对忠诚。新时代党员干部，必须自觉坚持党的全面

① 《立志做党光荣传统和优良作风的忠实传人 在新时代新征程中奋勇争先建功立业》，《人民日报》2021 年 3 月 2 日。

领导，坚决捍卫“两个确立”，坚决做到“两个维护”，不断提高政治判断力、政治领悟力、政治执行力，始终在政治立场、政治方向、政治原则、政治道路上同以习近平同志为核心的党中央保持高度一致，把对党忠诚体现到贯彻落实好党中央决策部署的实际行动上。2021 年 4 月 25 日，正在广西考察的习近平总书记，来到位于桂林市全州县才湾镇的红军长征湘江战役纪念园，向湘江战役红军烈士敬献花篮，并参观红军长征湘江战役纪念馆。在一幅油画前，习近平总书记驻足凝视。这幅油画中的主人公是陈树湘，油画上方写着“为苏维埃流尽最后一滴血”。陈树湘，1905 年 1 月生，湖南长沙县人。1927 年 9 月随部队参加毛泽东领导的湘赣边界秋收起义，不久加入中国共产党。湘江战役中，在完成掩护中央红军主力渡过湘江后，陈树湘指挥红 34 师数次强渡湘江，都先后失利，陷入敌人的重围。面对严峻形势，陈树湘执行退回湘南地区、坚持游击战争的命令，率部突围。部队到达道县泗马桥时，遇到国民党地方保安团的截击，不幸被俘。在被押往长沙途中，陈树湘趁敌不备，毅然用手撕开腹部早已溃烂的伤口，掏出肠子，用尽最后一丝力气，绞肠自尽，壮烈牺牲，年仅 29 岁。“断肠明志”的故事撼人心魄。习近平总书记感叹道：“壮烈啊！陈树湘是牺牲英雄中很典型的一个。”[①] 只有把对党忠诚作为政治上的“定海神针”，才能在面对考验时始终做到“风雨不动安如山”。对党忠诚是具体的、实践的，不是空洞的口号，不能只停留在口头表态上，要体现在贯彻党中央决策部署的行动上，体现在履职尽责、做好本职工作的实效上，体现在日常言行上。党员干部要牢记自己的第一身份是共产党员，第一职责是为党工作，任何时候都与党同心同德，严格执行民主集中制和请示报告等制度，切实做到党中央提倡的坚决响应，党中央决定的坚决执行，党中央禁止的坚

① 《这一年，总书记的基层足迹》，《人民日报》2021 年 12 月 31 日。

决不做，不断提高党性修养、砥砺政治品格，为大公、守大义、求大我，正心明道、怀德自重。

（三）牢记“国之大者”，增强政治敏锐性

政治敏锐性是政治站位、政治洞察的综合体现，是提高领导干部政治判断力、政治领悟力、政治执行力的重要前提。毛泽东同志曾形象地比喻：“坐在指挥台上，如果什么也看不见，就不能叫领导。坐在指挥台上，只看见地平线上已经出现的大量的普遍的东西，那是平平常常的，也不能算领导。只有当着还没有出现大量的明显的东西的时候，当桅杆顶刚刚露出的时候，就能看出这是要发展成为大量的普遍的东西，并能掌握住它，这才叫领导。”① 习近平总书记强调，在错综复杂的国内国际形势中，把握战略全局、掌握战略主动、增强各项工作的预见性和前瞻性，必须始终保持高度的政治敏锐性，做到居安思危、未雨绸缪。② 当前，我国发展进入战略机遇和风险挑战并存、不确定难预料因素增多的时期，各种“黑天鹅”“灰犀牛”事件随时可能发生。这就要求各级党员干部必须始终保持高度的政治敏锐性，“不畏浮云遮望眼”，自觉从政治上看问题，透过现象看本质，把握事物发展的内在规律，善于从一般事务中发现政治问题，从倾向性、苗头性问题中发现政治端倪，从错综复杂的关系中把握政治逻辑，准确识别时与势、危与机、利与弊，主动识变应变求变，居安思危、未雨绸缪，更好地把握战略全局、掌握战略主动，不断增强工作的预见性和前瞻性。特别是在处理解决矛盾和问题时，要注重防范和化解政治风险，做到眼睛亮、见事早、行动快，及时消除各种政治隐患，真正做到“草摇叶响知鹿过、松风

---

① 《毛泽东文集》第3卷，人民出版社1996年版，第394—395页。

② 《巩固拓展主题教育成果　为强国建设民族复兴伟业汇聚强大力量》，《人民日报》2023年12月23日。

一起知虎来、一叶易色而知天下秋”。掌握马克思主义理论的深度，决定着政治敏感的程度、思维视野的广度、思想境界的高度。对于党员干部而言，最重要的就是把握好习近平新时代中国特色社会主义思想的世界观和方法论，坚持好、运用好贯穿其中的立场观点方法，以理论上的清醒坚定确保政治上的清醒坚定，炼就一双政治慧眼，担负起党和人民赋予的政治责任。

三、守公德，坚持人民至上

“大道之行，天下为公。”领导干部要守的公德，即公共生活中的德行，是管理公共事务中应遵守的道德准则，与普通公民不同，有更高标准、更严要求。领导干部要守的公德，主要体现的不是“公共”的含义，而是指向“无私”的追求。守公德，就是要强化宗旨意识，全心全意为人民服务，恪守立党为公、执政为民理念，自觉践行人民对美好生活的向往就是我们的奋斗目标的承诺，做到心底无私天地宽。这就要求领导干部牢固树立以人民为中心的发展思想，站稳人民立场，涵养公仆情怀，淬炼政德修养，在思想上解决好“为谁当官、怎样用权、为谁服务”的问题。

（一）坚持立党为公、执政为民

江山就是人民，人民就是江山。中国共产党是人民的党，是为人民服务的党。党的二十大报告中，“人民”二字出现次数高达 177 次。人民立场是中国共产党的根本政治立场，是马克思主义政党区别于其他政党的显著标志。立党为公、执政为民就是共产党人的公德。党与人民风雨同舟、生死与共，始终保持血肉联系，是党战胜一切困难和风险的根本保证。我们党自成立之日起，就把“人民”二字铭刻在心，把坚持人民利益高于一切鲜明地写在自己的旗帜上，无数英雄用鲜血和生命践行“为党和人民牺牲一切”的铮铮誓言。党的七大第一次把“为人民服务”作为党的宗旨写进党章，同时在“党员”一章中，把“为人民群众服务，巩固党与人民群众的联系，了解并及时反映人民群众的需要，向人民群众解释党的政策”，作为党员必须履行的四项义务之一。据不完全统计，从1921年至1949年，我们党领导的革命队伍中，仅有名可查的烈士就达370多万人。党的最大政治优势是密切联系群众，党执政后的最大危险是脱离群众。特别是在党长期执政的条件和环境下，如果手中权力使用不当，脱离群众、损害群众利益特别是腐败这一最大威胁就极易发生。对此，习近平总书记谆谆告诫全党，“得众则得国，失众则失国”，民心是最大的政治，决定事业兴衰成败。毛泽东同志在《论联合政府》中强调，共产党人的一切言论行动，必须以合乎最广大人民群众的最大利益，为最广大人民群众所拥护为最高标准。权力姓公不姓私，我们的权力是党和人民赋予的，是为党和人民做事用的，只能用来为党分忧、为国干事、为民谋利，决不能变成谋取私利的工具。领导干部首先要解决好“我是谁、为了谁、依靠谁”的问题，不断追求“我将无我，不负人民”的精神境界，要正确行使权力，依法用权、秉公用权、廉洁用权，始终保持如临深渊、如履薄冰的谨慎，做到心有所畏、言有所戒、行有所止。习近平总书记多次讲到焦裕禄、谷文昌、孔繁森、杨善洲等优秀共产党人的事迹。1988年，孔繁森第二次赴藏工作，担任拉萨市副市长。到任仅4个月，他就跑遍了全市8个县区所有的公办学校和一半以上的村办小学，为发展少数民族的教育事业奔波操劳；为结束尼木县续迈乡等3个乡群众易患大骨节病的历史，他多次爬到海拔近5000米的山顶水源处采集水样，帮群众解决饮水问题；在了解农牧区缺医少药的情况后，他每次下乡时都特地带一个医疗箱，工作之余就给农牧民群众认真地听诊、把脉、打针……1992 年底，孔繁森第二次调藏工作期满，西藏自治区党委决定任命他为阿里地委书记。面对又一次重大选择，他毫不犹豫地服从了党的决定、人民的需要。为寻找阿里的发展优势，全地区 106 个乡，他跑了 98 个，行程 8 万多公里。在孔繁森的努力下，阿里经济有了较快的发展。1994 年，全地区国民生产总值超过 1.8 亿元，比上年增长 37.5%；国民收入超过 1.1 亿元，比上年增长 6.7%。党员干部必须始终坚持全心全意为人民服务，把人民放在心中最高位置，把为人民谋幸福作为根本使命，顺应民心、关注民情，让改革发展成果更多更公平惠及全体人民，做到“利民之事，丝发必兴；厉民之事，毫末必去”。

（二）树立和践行正确政绩观

政绩观是党员干部世界观、人生观、价值观和权力观、地位观、利益观、事业观等在干事创业中的体现。习近平总书记强调，树牢造福人民的政绩观，坚持以人民为中心的发展思想，坚持高质量发展，不搞贪大求洋、盲目蛮干、哗众取宠；坚持出实招求实效，不搞华而不实、投机取巧、数据造假；坚持打基础利长远，不搞急功近利、竭泽而渔、劳民伤财。[①] 党员干部要解决好政绩观问题，必须搞清楚为谁创造业绩、创造什么样的业绩、怎样创造业绩。干事创业是为了增强人民群众的获得感、幸福感、安全感，不断满足人民群众对美好生活的新期待。牢固树立正确的政绩观，要力戒形式主义、官僚主义。形式主义、官僚主义是党的大敌、人民的大敌，是阻碍强国建设、民族复兴历史伟业顺利推进的“绊脚石”。党的十八大以来，以习近平同志为核心的党中央深化

① 《在推进中国式现代化中走在前做示范　谱写“强富美高”新江苏现代化建设新篇章》，《人民日报》2023 年 7 月 8 日。

整治形式主义、官僚主义顽瘴痼疾，建立基层减负常态化机制，要求把干部从一些无谓的事务中解脱出来，激发基层党员、干部干事创业的积极性，取得了明显成效，但同时也要看到，形式主义、官僚主义是顽瘴痼疾，就像“牛皮癣”，禁而未绝、改头换面等现象时有发生。“政绩工程”、“形象工程”、“面子工程”、“指尖上的形式主义”、各种创建示范活动存在的问题等依然存在，有的干部“不怕群众不满意、就怕领导不注意”，“喜欢‘做秀’而不是‘做事’”，“热衷于‘造势一时’而不是‘造福一方’”。据中央纪委国家监委典型案例通报，河南省信阳市息县在农村人居环境整治中存在层层加码、检查考评过多过频、搞“面子工程”等问题。息县在推进农村人居环境整治工作中，脱离实际、违背干部群众意愿随意决策，出台文件“一刀切”要求定期清理本地区国道、省道、县道等主干路两侧野树杂草，留茬高度在 10 厘米左右。只顾“面子”、不顾“里子”，对主干路两侧可视范围和领导干部调研检查经常走的线路整治标准要求过高，这些公路两侧反复割草、干净整洁，但村内环境特别是背街小巷脏乱差；对某村庄公路沿线 12 户房屋“刷白墙”“加青瓦”，但对村内其他房屋未作任何整修，形成鲜明反差，整治工作变形走样。检查考评过多过频、层层加码，信阳市实行“每月一暗访一通报、一季度一考评”，息县实行“每日一通报、每周一排序、每半月一评比、每月一奖惩”，项店镇频繁开展督导检查、观摩评比，采取贴照片等方式通报排名靠前、靠后的村党支部书记，增加基层干部和群众负担。又如，云南省永善县政务服务管理局在推广应用“一部手机办事通”过程中，下达不切实际的任务指标。2022 年 10 月，永善县政务服务管理局为片面追求考核加分，背离上级推广初衷，按照本县户籍人口人均通过“一部手机办事通”小程序办理 3 件事项的数量，确定了 138 万件的任务指标，并印发文件将指标分解到各乡镇、县直相关部门，要求全县干部职工年度人均办理 150 件事项。文件印发2个月内，永善县干部职工通过“一部手机办事通”小程序完成查询、办理、预约类办事138万余件，严重增加基层干部负担。

习近平总书记强调，牢固树立正确政绩观，既要做让老百姓看得见、摸得着、得实惠的实事，也要做为后人作铺垫、打基础、利长远的好事。党员干部要牢记为民造福是最大政绩，涵养“功成不必在我”的精神境界和“功成必定有我”的历史担当，“不受虚言，不听浮术，不采华名，不兴伪事”，既要做显功，也要做潜功；既要出实招，也要求实效，从思想根源上破除形式主义、官僚主义问题，以实干为要、用实绩说话，“干一件是一件，干一件成一件”，争当勇挑重任的“排头兵”、善作善成的“行动派”、攻坚克难的“突击手”、埋头苦干的“实干家”，真正把为民造福的事情办实办好。

（三）处理好公私关系

“大贤秉高鉴，公烛无私光。”公私分明是基本操守，公而忘私是崇高境界。中华传统文化关于公与私的界限问题早就有论述，并且主张公私分明、清廉为官。《中国共产党廉洁自律准则》第一条就是坚持公私分明、先公后私、克己奉公。习近平总书记多次就公私关系作出重要论述，强调“作为党的干部，就是要讲大公无私、公私分明、先公后私、公而忘私，只有一心为公、事事出于公心，才能坦荡做人、谨慎用权，才能光明正大、堂堂正正”[①]。领导干部是人民的公仆，必须“公”字当头、“公”为本色，做到大公无私、公私分明、先公后私、公而忘私，堂堂正正做人，公公正正做事。作风问题，很多是因公私关系没有摆正产生的。作风问题有的看起来不大，几顿饭，几杯酒，几张卡，但

① 《强化反腐败体制机制创新和制度保障　深入推进党风廉政建设和反腐败斗争》，《人民日报》2014年1月15日。

都与公私问题有联系，都与公款、公权有关系。公款姓公，一分一厘都不能乱花；公权为民，一丝一毫都不能私用。如何看待公、私二字，是衡量党员干部党性强弱、作风优劣的重要标尺。党员干部也有自己的基本权益和基本需求，但不能同私心、私利、私欲混为一谈。

在对待公款、公权问题上，老一辈无产阶级革命家为我们树立了典范。毛泽东同志为中国革命牺牲了六位亲人，却几次拒绝为亲属安排工作，甚至连女儿上学也不准用公车接送，真正做到了“恋亲，但不为亲徇私；念旧，但不为旧谋利；济亲，但不以公济私”。身边的工作人员告诉毛泽东：“人民政府各机关部门，由于工作需要，招收了许多新人。也有许多老干部的家属和亲朋来了，只要历史上没什么问题，一经介绍也就参加工作了。”毛泽东却回答说：“别人的亲友可以来，我的不能来。”作为党和国家领导人，他要率先律己，树立一种风范。为此，毛泽东对秘书田家英说，处理亲友一般来信原则是“凡是要求到北京来看我的，现在一律不准来，来了也不见。凡是要求安排工作的，一律谢绝，我这里不介绍，不推荐，不说话”①。甚至他给亲友回信直接告诉他们：我们共产党的章法，决不能像蒋介石他们一样搞裙带关系，一个人当了官，沾亲带故的人都可以升官发财，如果那样下去，就会脱离群众，就会像蒋介石一样早垮台。现在全国刚解放，人民刚取得政权，我对你们“约法三章”：一不要来京看我；二不要来京找我安排工作；三不要借我的名义找地方政府安排工作。无论在革命战争年代还是在和平建设时期，毛泽东一直关照牺牲了的妻子杨开慧的家人。新中国成立伊始，要做的工作很多，各地区要建立正常的秩序和恢复生产，各行各业都需要大量的就业人员。开国大典之后没几天，杨开慧的哥哥

① 中国国家博物馆编著《毛泽东——共和国领袖故事》，上海教育出版社 2006 年版，第 161 页。

杨开智曾抱着很大希望给毛泽东写信，提出想在长沙谋个“厅长方面的位置”。为此，毛泽东给时任湖南省军政委员会委员、长沙军管会副主任的王首道拍去电报，并另有一封给杨开智的电报，请王首道转送。毛泽东在给王首道的电报中称：“杨开智等不要来京，在湘按其能力分配适当工作，任何无理要求不应允许。其老母如有困难，可给若干帮助。”① 周恩来理发、招待客人、到老百姓家吃饭，都是自掏腰包，还专门定了十条家规来严格要求亲属。这十条家规是：一是晚辈不能丢下工作专程进京看望他，只能在出差路过时才可以去看看；二是外地亲属进京看望他，一律住国务院招待所，住宿费由他支付；三是一律到国务院机关食堂排队就餐，有工作的自付伙食费，没工作的由他代付；四是看戏以家属身份购票入场，不得享用招待券；五是不许请客送礼；六是不许动用公车；七是凡个人生活中自己能做的事，不要别人代劳，自我服务；八是生活要艰苦朴素；九是在任何场合都不能说出与他的关系，不要炫耀自己；十是不谋私利，不搞特殊化。② 1968 年，周恩来的一个侄女赴内蒙古插队，由于表现好，经当地群众推荐，应征参军。周恩来得知后说：“你参军虽然符合手续，但内蒙古那么多人，专挑上了你，还不是看在我们的面子上？我们不能搞这个特殊，一点也不能搞。”周恩来还专门给相关同志提出，“你们再不把孩子退回去，我就下命令了”③。这个侄女最终脱下军装，返回内蒙古草原插队劳动。周恩来自己没有孩子，但要教育侄子侄女走自己这一条路。

正确的公私观，是滋养党员干部廉洁自律的源泉。共产党人为的是大公、守的是大义、求的是大我，要树立“大道之行、天下为公”的公私观，正确处理好公与私的关系，正心明道、怀德自重。综观“落

---

① 中央文献研究室编《毛泽东书信选集》，中央文献出版社 2003 年版，第 315 页。
② 邓联繁：《建设廉洁中国：时代新篇章与廉学新视角》，人民出版社 2018 年版，第 231 页。
③ 周秉德：《我的伯父周恩来》，人民出版社 2009 年版，第 109 页。

马”官员腐败堕落轨迹，都有不能正确处理公私关系的原因，一再越界越轨，最终走向深渊。要深刻认识到，没有党和人民的利益，就谈不上党员个人的名利，只有把“小我”融入“大我”，把个人奋斗融入党和人民伟大事业之中，才能更好地实现人生价值。要始终以大局为重、以人民为重，自觉涵养“先天下之忧而忧、后天下之乐而乐”的胸怀和境界，始终把党和人民的利益放在心中最高位置，必须始终服从党和国家大局、服务人民的利益，摒弃私心杂念，一心为公，克己奉公，把默默投入、无私奉献作为一种信念、一种习惯。

四、严私德，严格约束自我

私德是大德、公德在个人言行领域的要求和体现，是个人品德、作风、习惯以及个人私生活中的道德操守和行为。党员干部要更加注重加强私德修养，严格约束自己的行为举止，戒贪止欲、克己奉公，切实把人民赋予的权力用来造福于人民。

（一）严以修身，提升道德境界

习近平同志强调，“做官先做人，做人先立德；德乃官之本，为官先修德”[①]。高尚的品德来自长期的思想历练和持之以恒的党性修养。党员干部要善于从中华民族传统美德中汲取道德滋养，积极传承和弘扬中华优秀传统文化中蕴含的修身处世的道德理念和千年传承的浩然正气，用优秀传统文化正心明德，在自身内省中提升道德修为，以学修德，以俭养德，以廉守德，修好共产党人的“心学”。“贪欲者，众恶

① 习近平：《之江新语》，浙江人民出版社2007年版，第258页。

之本。”面对形形色色的诱惑和围猎，要经常反省反思，常思为政之德，常思贪欲之害，常怀律己之心，必须牢记清廉是福、贪欲是祸的道理，勤掸“思想尘”、多思“贪欲害”、常破“心中贼”，大事上泾渭分明，小节上从严把握，时刻自重自省自警自励，慎独慎初慎微慎友，提高拒腐防变能力，以内无妄思保证外无妄动，保持清正廉洁的品行操守。要自觉净化社交圈、生活圈、朋友圈，管住自己的一言一行，不以“小节无碍”宽容自己，不以“下不为例”开脱自己，自觉给欲望安上“闸门”，要追求健康向上的情趣，远离低级趣味，杜绝不良嗜好，真正做到人前人后一个样、八小时内外一个样、有没有监督一个样，不做不仁之事、不取不义之财、不沾不正之风、不交不良之友、不干不法之事，牢牢守住政治关、权力关、交往关、生活关、亲情关，清清白白做人、干干净净做事。

李大钊在其短暂的一生中，在严以修身方面为我们树立了光辉典范。他在北京大学任教授期间，每月收入约300元，但是他从未将这些收入花费在个人的物质享受上。罗章龙回忆道：“守常同志自奉俭约，非常刻苦。他居室简陋，食不兼味，服饰简单”，“平日一如北方人的简单生活，一个大饼，一根葱，粗茶淡饭就满足了”。[1] 李大钊在北京十年，没有购置过房产，曾经七次迁居，皆为租房。当时，李大钊在东城上班，却在西城租房子，因为西城的房租特别便宜。中午不能回家吃饭，他就自带干粮，有时一块大饼，有时两个窝头就白开水下肚。李大钊虽然在物质生活方面进行了严格的自我约束，但他在创建共产党早期组织过程中，却表现出了“无我”的奉献精神。面对活动经费紧张这一现实问题，他当众宣布每月从个人薪资中拿出80元作为党组织各项工作使用。不仅如此，李大钊还经常资助生活困难的学生。用在他人身

① 《回忆李大钊》，人民出版社1980年版，第52、53页。

上的钱多了，以至于有时造成家中出现无钱买粮食的窘况。李大钊牺牲后，北京《晨报》《顺天时报》分别载文报道：“李氏私德尚醇，如冬不衣皮袄，常年不乘洋车，尽散收入，以助贫困学生”，“李大钊平昔不事储蓄，身后极为萧条。李夫人回家后，仅一元生活费，室中空无家具，即有亦甚破烂”。

贪如火，不遏则燎原；欲如水，不遏则滔天。对于党员干部而言，对欲望不加约束，就会被贪欲所俘获，被居心叵测者围猎，最终陷入腐败堕落深渊。据中央纪委国家监委通报，经查，中国银行原党委书记、董事长刘连舸丧失理想信念，背弃初心使命，落实党中央决策部署不坚决、打折扣，弃守金融风险防控职责，大肆违规插手信贷项目，违法发放贷款，造成重大金融风险，履行全面从严治党主体责任不力，严重破坏所在单位政治生态，私自携带违禁书刊入境，处心积虑对抗组织审查；无视中央八项规定精神，违规收受礼品礼金、出入私人会所、接受滑雪和旅游安排，长期借用管理对象车辆；不按规定报告个人有关事项，在组织函询时不如实说明问题，徇私录用调整提拔干部；违规经商办企业；违规干预资金借贷，私自留存涉密资料；道德败坏，家风不正，对亲属失管失教；毫无纪法底线，擅权妄为，“靠金融吃金融”，利用职务便利为他人在贷款融资、项目合作等方面谋利，并非法收受巨额财物。习近平总书记指出，“一个人能否廉洁自律，最大的诱惑是自己，最难战胜的敌人也是自己。一个人战胜不了自己，制度设计得再缜密，也会‘法令滋彰，盗贼多有’”①。这深刻告诫我们，作为党员干部，必须不断加强自我修炼、自我约束、自我塑造，自觉把严以修身、严以律己作为做人做事的基本遵循，时刻保持如履薄冰、如临深

① 《习近平关于党风廉政建设和反腐败斗争论述摘编》，中国方正出版社、中央文献出版社2015年版，第145页。

渊的警觉，牢记“堤溃蚁孔，气泄针芒”的古训，做到“心不动于微利之诱，目不眩于五色之惑”，勿以恶小而为之，让自己正气充盈、腰杆挺直，在任何时候、任何情况下都以党性原则、法规制度和道德规范衡量自我、约束自我、反思自我、完善自我，确保能干事、干成事、不出事。

（二）严以用权，自觉接受监督

习近平总书记指出，严以用权，就是要坚持用权为民，按规则、按制度行使权力，把权力关进制度的笼子里，任何时候都不搞特权、不以权谋私。① 权力任性和滥用是导致腐败的根源，也是滋生各种作风问题的根源，作为领导干部，必须强化纪律意识，充分认识到权力是人民赋予的、权力之上有“紧箍”，牢牢把握“一切权力属于人民，一切权力为了人民”的权力观，坚决反对各种特权思想和特权现象，始终做到公正用权、依法用权、为民用权、廉洁用权，当好良好政治生态和社会风气的引领者、营造者、维护者。要依法行使权力，增强法治思维，强化“权由法定、权依法使”意识，严格在法规制度框架下依照法定权限和程序行使权力，做到法定职责必须为、法无授权不可为，自觉把权力关进制度的笼子里，让权力在阳光下运行。要自觉接受监督，全面接受组织监督、舆论监督、社会监督、群众监督，养成在监督的环境中工作生活的习惯。习近平总书记指出，不想接受监督的人，不能自觉接受监督的人，觉得接受党和人民监督很不舒服的人，就不具备当领导干部的起码素质。② 他强调，各级领导干部要主动接受各方面监督，这既是

---

① 《习近平李克强张德江刘云山王岐山张高丽分别参加全国人大会议一些代表团审议》，《人民日报》2014 年 3 月 10 日。

② 《习近平关于党风廉政建设和反腐败斗争论述摘编》，中国方正出版社、中央文献出版社 2015 年版，第 122 页。

一种胸怀，也是一种自信。[①] 权力是把双刃剑：善用者，为民谋福祉；滥用者，不仅伤及群众利益，殃及政府公信力，甚至会走上“不归路”。实践证明，用权受监督是防止党员和干部腐化变质、维护党的纯洁性的重要途径。自觉接受监督是落实全面从严治党的基本要求，是实现权力正确运行的有效保障。责任越重大，岗位越重要，就越要自觉接受党和人民的监督。一些领导干部怕监督、不愿意被监督，觉得老是有人监督不自在、干事不方便，这种心态是不正确的，必须克服和纠正。领导干部要牢记，任何人都没有法律之外的绝对权力、任何人行使权力都必须对人民负责，要敬畏人民、敬畏组织、敬畏法纪，自觉接受各方监督。

早在延安时期，我们党就高度重视监督体系建设。一是重视群众监督。1945 年 7 月，毛泽东在与黄炎培的“窑洞对”中讲道：“我们已经找到新路，我们能跳出这周期率。这条新路，就是民主。只有让人民起来监督政府，政府才不敢松懈。只有人人起来负责，才不会人亡政息。”这是对群众监督的生动阐释。当时，陕甘宁边区政府明确提出，各级党员干部要正确对待群众监督，对群众的揭发“必须认真负责的、实事求是的切实查明，公平处理，切不可敷衍了事，更不可有偏袒政务人员的行为”[②]。二是发挥边区、县、乡三级参议会的监督作用。1941 年 11 月通过的《陕甘宁边区各级参议会组织条例》规定，参议会有权依法监督和弹劾同级政府及其公务人员，也有权依法监督和弹劾同级司法机关及其工作人员。边区和县两级参议会还设立常驻委员会，主要履行休会期间的监督职能。三是发挥党政监督。1938 年，党中央决定在边区党委之下设监察委员会，主要发挥监督各级党的机关、干部及党员对

① 习近平：《在党的十八届六中全会第二次全体会议上的讲话（节选）》，《求是》2017 年第 1 期。

② 陕西省档案馆、陕西省社会科学院合编《陕甘宁边区政府文件选编》第 6 辑，档案出版社 1990 年版，第 258 页。

党的章程执行情况等职责。1945 年，党的七大规定，必要时可以设立党的中央监察委员会和地方监察委员会。为加强对政府各部门的监督，边区政府还设立了审计处和行政监察员公署，以此促进公务人员廉洁从政。

“木受绳则直，人受谏则圣。”作为人民公仆，各级领导干部接受组织和人民监督是天经地义的，决不能以任何借口拒绝监督，要培养接受监督的胸怀和自信，身体力行，率先垂范，使自觉主动接受监督成为思想和行动准则。

（三）严格家教家风，当好示范表率

“天下之本在国，国之本在家”，“人必有家，家必有训”。注重家庭、家教、家风是中国传统文化的精华，古代传承下来的家训有十余万种，涉及修身处世、为学为政等多个方面，其中涵盖大量政德教育内容。如，诸葛亮告诫子女“静以修身，俭以养德”，“非淡泊无以明志，非宁静无以致远”。南北朝时期颜之推认为要“以行为教”“以学为教”“以身为教”。他写的《颜氏家训》要求子女勤学、自律、重义、务实。“士君子之处世，贵能有益于物耳，不徒高谈虚论，左琴右书，以费人君禄位也。”习近平总书记强调，“领导干部的家风，不仅关系自己的家庭，而且关系党风政风。各级领导干部特别是高级干部要继承和弘扬中华优秀传统文化，继承和弘扬革命前辈的红色家风，向焦裕禄、谷文昌、杨善洲等同志学习，做家风建设的表率，把修身、齐家落到实处”①。领导干部的家风，从来不是个人小事、家庭私事，而是领导干部作风的重要表现。新时代以来，以习近平同志为核心的党中央把领导干部家风建设纳入作风建设范畴，以党内法规形式予以制度化。《中国共产党廉洁自律准则》要求党员领导干部“廉洁齐家，自觉带头树立

① 习近平：《在会见第一届全国文明家庭代表时的讲话》，《人民日报》2016 年 12 月 16 日。

良好家风”。《关于新形势下党内政治生活的若干准则》要求“领导干部特别是高级干部必须注重家庭、家教、家风，教育管理好亲属和身边工作人员”，“禁止利用职权或影响力为家属亲友谋求特殊照顾，禁止领导干部家属亲友插手领导干部职权范围内的工作、插手人事安排”。《中国共产党纪律处分条例》列出了党员领导干部不重视家风建设，对配偶、子女及其配偶失管失教的处分措施。家风家教清正是党风政风清明的前提，对亲属子女严管严教，不仅是道德要求，更是政治要求、纪律要求，领导干部要把家教家风建设摆在重要位置，过好亲情关，对配偶子女等亲属严格教育、严格约束，教育他们树立遵纪守法、艰苦朴素、自食其力的良好观念，决不允许和纵容亲属子女利用特殊身份牟取非法利益，防止“枕边风”成为腐败的导火索，坚决防止和反对“裙带腐败”“衙内腐败”。

在涵养良好家风方面，毛泽东、周恩来、朱德等老一辈革命家为我们树立了榜样，他们对亲属子女和身边工作人员从思想到生活上始终要求很严。毛泽东对子女家训是“吃苦、求知、进步、向上”，并立下了不搞特殊化的“家风三原则”——恋亲不为亲徇私，念旧不为旧谋利，济亲不为亲撑腰。作为人民领袖，他从不利用自己的职权为亲属子女谋职位，更不允许亲属子女搞特殊。1963 年周恩来在中直机关会议上专门作了领导干部要过“五关”的报告，他教诲党的领导干部一定要教育好自己的亲属，不要有一人得道、鸡犬升天的封建旧思想，不要忘了我们党多年保持下来的优良传统，更不要借父母之名做损人利己、损公肥私的事情。他提醒一些干部：“我们决不能使自己的子弟成为国家和社会的包袱，阻碍我们的事业前进。”① 他要求领导干部首先应解决好自己和亲属谁影响谁的问题，一个好的领导干部绝不应因疏于对亲属和

---

① 《周恩来选集》下卷，人民出版社 1984 年版，第 427 页。

子女的管教而影响工作。朱德的儿子朱琦由于战争导致残疾，新中国成立后转业，朱德告诉他必须服从组织安排，不要提出任何特殊要求。按照父亲的叮嘱，朱琦一直是普通火车司机。

从近年来查处的腐败案件看，家风败坏往往是领导干部走向严重违纪违法的重要原因。一些领导干部对家风建设重视不够，对家人和亲属溺爱、偏爱、错爱，对违反党性原则的无理要求百依百顺，甚至动用特权、以权谋私，造成恶劣影响，败坏了社会风气，走上违纪违法道路。有的党员领导干部带领全家吃老板、用老板、靠老板，享受“管家式”服务；有的对“枕边人”“身边人”失管失教，纵容默许亲属利用其职务影响谋取私利；有的领导干部将配偶、子女当作“挡箭牌”，以其名义经商办企业逃避追责，或躲在幕后大肆敛财，最终将其拉下水；有的领导干部纵容、默许配偶、子女插手土地出让、工程建设、招标投标，索取收受巨额财物，上演“家族式腐败”，最终全家“同堂共审”；有的领导干部颠倒公私，利用职务职权便利或影响力，以“照顾家人”之名违法乱纪，毫无顾忌“护犊子”，给兄弟姐妹“开后门”，大搞“裙带关系”“近亲繁殖”，破坏选人用人政治生态，教训深刻。很多贪腐违纪典型案例背后，折射出领导干部家庭家教缺失、家风败坏，令人警醒。广东省清远市清新区委原书记郑小燕一再失声痛哭，沉痛忏悔自己在担任重要领导职务期间，妄想前途、“钱途”多头谋利，一人得道，鸡犬升天，先后将丈夫、弟弟、妹妹、亲家等近十名亲属拉入贪腐敛财圈，最终酿成夫妻同日留置、姐弟先后落网、亲属一起被查的悲剧。同样将家人拉下水的还有该市清城区政协原党组书记、主席刘秀添。刘秀添与社会老板勾肩搭背，以弟弟、儿子名义用赃款投资入伙，既想当大官，又想发大财。刘秀添在庭审现场谈及家人时数次哽咽，悔恨自己错误地用赃款弥补亲情缺位。“我对不起我的家人，将四世同堂、六口幸福之家变得支离破碎。”一个家庭家风不正，往往是从领导干部理想信念动摇、生活堕落腐化、管家治家不严开始的。领导干部家人出了问题，表面是配偶、子女行为不当，本质上是领导干部在家风建设方面没有把好关口。作为家风建设第一责任人，领导干部要带头示范、以身作则，摒弃“一人得道、鸡犬升天”的想法、“有权不用，过期作废”的心态，秉持共产党人“心底无私，天下为公”“不谋私利，不搞特殊”“艰苦朴素，勤俭节约”的价值追求，带头发挥崇德治家、修身守正的示范作用，以向善向上的言行影响家人，以正道直行的原则引导家人，以遵纪守法的要求管好家人。

干部的党性修养、道德水平，不会随着党龄工龄的增长而自然提高，也不会随着职务的升迁而自然提高，必须强化自我修炼、自我约束、自我改造。领导干部讲政德，要有明确目标、科学方法和有效路径。对此，习近平总书记深刻指出，要自觉从中华优秀传统文化中汲取营养，老老实实向人民群众学习，时时处处见贤思齐，以严格标准加强自律、接受他律。[①] 首先，要从中华优秀传统文化中汲取道德营养和力量。中国传统道德内涵丰富、博大精深，包括对待富贵贫穷、生死福祸、荣辱功名、权位爵禄、待人待己等方面，强调处世必以仁德，守身必从大义，为人重在大节。比如，“先天下之忧而忧，后天下之乐而乐”的政治抱负、“位卑未敢忘忧国”的家国情怀、“富贵不能淫，贫贱不能移，威武不能屈”的浩然正气、“鞠躬尽瘁死而后已”的献身精神、“民惟邦本，本固邦宁”的民本思想等，为领导干部修养政德提供了深厚的养分。其次，要善于从正反典型中吸取经验与教训。一方面，要见贤思齐，向榜样学习。道德榜样体现出来的理想信念、公仆情怀、求实作风和道德情操，具有巨大激励作用。中国历史上，魏征、文天

① 《深化改革发挥优势创新思路统筹兼顾 确保经济持续健康发展社会和谐稳定》，《人民日报》2014 年 5 月 11 日。

祥、于谦、海瑞、林则徐等，无一不是坚守道德气节、坚持修身为上。我们党重视道德榜样的塑造与学习，并积累了很多经验。革命和战争时期有张思德、邱少云、刘胡兰等英雄榜样，社会主义建设和改革时期有焦裕禄、孔繁森、杨善洲等榜样。另一方面，要见不贤而自省，以反面典型为镜鉴，深刻吸取教训，让领导干部知敬畏、明底线、受警醒，真正做到心有所畏、言有所戒、行有所止。最后，要推进政德建设制度化，实现自律与他律的结合。改进和完善对领导干部“德”的考察，既重能力又重德行，既重政绩又重政德，注重考察党员领导干部对重大问题的思考，对群众的感情，对名利的态度，为人处事方式。根据全面从严治党和加强政德建设的要求，制定领导干部政德培训制度，把政德培训作为提高政治素质与执政能力的基础工程。建立分类分层、科学规范的评价标准，评价内容包括政治品德、职业道德、社会公德、家庭美德、个人私德等。建立健全公正公平的政德激励和惩治机制，完善道德教育、监督与制约机制，加强对党员领导干部政德的多主体、多方面监督，从制度和机制层面保证“老实人不吃亏”。

总之，面对新征程新任务新挑战，各级领导干部要不断提高自身道德修养，自觉“修德、修身、修行”，坚持以上率下，形成“头雁效应”，一步一个脚印带动政德建设，做好新时代的答卷人。

第六章 严守纪律　不触红线

纪律是管党治党的“戒尺”，也是党员、干部约束自身行为的标准和遵循。作为党员干部必须始终明白，不触碰不逾越纪法红线是对自己最大的保护。习近平总书记强调指出：“无数案例证明，党员‘破法’，无不始于‘破纪’。只有把纪律挺在前面，坚持纪严于法、纪在法前，才能克服‘违纪只是小节、违法才去处理’的不正常状况，用纪律管住全体党员。”①《中国共产党章程》（以下简称党章）是最根本的党内法规，是管党治党的总规矩，党组织和党员必须自觉遵守党章，严格执行和维护党的纪律。《中国共产党纪律处分条例》（以下简称《条例》）是党的纪律和纪律处分方面的基本法规。新修订的党章和《条例》将党的建设、党的纪律建设等的理论、实践和制度创新成果以党规党纪形式固定下来，对全体党员干部守住纪律底线、不越红线提供了新的遵循和指南。新征程中，每一个共产党员特别是领导干部都要牢固树立党章意识、纪律意识，更加自觉地学习、遵守、贯彻、维护党章和《条例》，用党章党规党纪约束自己的一言一行，增强纪律意识、规矩意识，严格按党的制度和规矩办事，进一步养成在受监督和约束的环境中工作生活的习惯。

① 《习近平关于依规治党论述摘编》，中央文献出版社 2022 年版，第 156—157 页。

一、党章为本

习近平总书记指出："党章是我们立党、治党、管党的总章程，是全党最基本、最重要、最全面的行为规范。"① 中国共产党始终注重党章的制定和完善，以确保党的理论与实践的同步前进。自党的二大通过了首部正式党章以来，除了党的五大外，每一届党的全国代表大会都对党章进行了必要的修订，以适应不断发展变化的历史任务。现行的党章最初在党的十二大上修改制定，其后每一次党的全国代表大会均根据时代要求对党章进行适度的调整和更新。沿袭这一优良传统，二十大党章在十九大党章的基础上，进一步加入了新的理论成果和实践经验，这些新增内容是对新时代挑战的积极回应，也是马克思主义中国化时代化的有力推进。这次修订充分展现了党在长期实践中积累的宝贵财富，对于统一全党思想、指导党的工作具有重要意义。

（一）坚持政治原则

政治原则决定了一个政党的根本立场和价值取向，是政党形成和发展的基础，同时也为政党提供了行动的指南和决策的依据，中国共产党作为马克思主义政党，要牢牢坚持自身的政治原则，使其服务于自身建设。二十大党章在第一章"党员"第三条党员义务中新增"增强'四个意识'、坚定'四个自信'、做到'两个维护'"，因此，广大党员要践行自身义务，在实践中做好落实，使上述原则能够更好地发挥引导作用，推动凝聚党内共识，促进党的团结和统一，为党的各项事业发展提

① 《习近平关于依规治党论述摘编》，中央文献出版社 2022 年版，第 51 页。

供力量保障。

1. 增强“四个意识”

习近平总书记指出：“全党必须牢固树立政治意识、大局意识、核心意识、看齐意识，自觉在思想上政治上行动上同党中央保持高度一致。”[①] 在新的历史条件下，国内外的环境都在发生深刻变化，我们党也面临着前所未有的挑战和考验，这就要求党必须保持高度团结统一，确保步调一致，以应对各种风险和挑战。因此，增强“四个意识”就变得尤为关键，这不仅有助于更为清醒地认识到党当前所面临的形势和任务，还能深化对党的建设规律的理解，从而更好地继承和发扬党的优良传统和政治优势，积极有效应对新的历史阶段中的各种风险和挑战。同时，“四个意识”也是加强党的建设的重要内容和从严管党治党的重要抓手，只有不断增强“四个意识”，我们党才能更好地凝心聚魂、强健体魄，确保自身始终成为引领各项事业发展的坚强核心，带领全国各族人民为实现中华民族伟大复兴的中国梦而努力奋斗。

政治意识是我们党对广大党员、干部和各级党组织在政治方向、政治立场、政治言论、政治行为方面的基本要求，习近平总书记深刻指出：“政治纪律和政治规矩这根弦不能松，腐败问题是腐败问题，政治问题是政治问题，不能只讲腐败问题、不讲政治问题。干部在政治上出问题，对党的危害不亚于腐败问题，有的甚至比腐败问题更严重。”[②] 在“四个意识”中，政治意识位居首位，增强政治意识是我们党作为马克思主义政党的根本要求，这不仅仅是一个口号，而是需要全体党员和各级党组织始终坚持正确的政治方向，将党的最高理想视为个人的最高追求，将党的行动指南内化为自身的行为准则，严守政治纪律和政治

① 习近平：《论坚持党对一切工作的领导》，中央文献出版社 2019 年版，第 182 页。
② 习近平：《论坚持党对一切工作的领导》，中央文献出版社 2019 年版，第 81 页。

规矩，在处理各类问题时，从政治高度出发，确保每个党员和各级党组织在目标上达成深度共识，推动全党形成强大向心力和凝聚力。

增强大局意识要求每个党员、干部和各级党组织都要有全局观念，从党和国家的工作大局出发，去思考问题、定位工作、摆布力量，从而更好地服从和服务于这个大局。习近平总书记强调："必须牢固树立高度自觉的大局意识，自觉从大局看问题，把工作放到大局中去思考、定位、摆布，做到正确认识大局、自觉服从大局、坚决维护大局。"① 大局意识不仅是我们党的优良传统，更是政治优势的重要体现。当前，随着全面深化改革已经进入深水区和攻坚期，改革的复杂程度、敏感程度、艰巨程度前所未有，各种利益交织、各种矛盾凸显，这就要求我们不能局限于自己的"一亩三分地"，而忽视了大局，要增强大局意识，厘清工作思路，找准自身在全局中的位置，才能更好地应对各种风险和挑战，推动党和国家事业不断向前发展。

就核心意识而言，我们党作为无产阶级政党，始终坚持民主集中制原则。这一原则强调党员个人服从党的组织，下级服从上级，全党服从中央。这是党的最基本的组织纪律，也是我们党战胜各种艰难险阻的有力武器。增强核心意识，就是执行民主集中制的体现，要求我们每一个党员自觉服从以习近平同志为核心的党中央领导，坚决维护党中央的权威，确保在思想、政治、行动上与党中央保持高度一致。当前，我国正处于中华民族伟大复兴的新征程上，在这关键时刻，我们更需要增强核心意识，并在以习近平同志为核心的党中央坚强领导下，奋力拼搏，争取早日实现中华民族伟大复兴。

看齐意识，是我们党一贯强调的重要政治原则，也是党员干部必备的政治素养。作为党员干部，要时刻牢记这一原则，始终保持高度的政

---

① 习近平：《办公厅工作要做到"五个坚持"》，《秘书工作》2014 年第 6 期。

治警觉性，经常、主动地向党中央看齐，向党的理论和路线方针政策看齐。在党的建设中，向党旗看齐，听从党中央指挥，不仅是我们党的优良传统和政治优势，更是执政党建设规律的内在要求。在新时代新征程上，我们面临着前所未有的机遇和挑战，只有坚定看齐意识，才能确保方向不偏、目标不变、干劲不松。党员干部作为党的中坚力量，更要将看齐意识内化于心、外化于行，要时刻牢记自己的身份和使命，主动对标对表党中央的决策部署，确保各项工作与党中央保持高度一致。要加强党性锻炼，不断提高自己的政治敏锐性和政治鉴别力，在面对各种复杂局面和诱惑时，我们要始终保持清醒的头脑，坚定正确的政治方向；在任何情况下，都要把服从党的利益放在第一位，不改其心、不移其志、不毁其节。

以史为鉴，可以知兴替。苏联亡党亡国的历史教训，对于我们今日执政的中国共产党而言，无疑是一面镜子。苏联共产党曾经是世界上最强大的政党之一，但最终却走向了衰亡，这其中的教训值得我们深刻反思。我们从“四个意识”的角度来分析。首先，从政治意识来看，苏联共产党在后期逐渐放弃了马克思主义的指导地位，对社会主义制度产生了动摇，这直接导致了党的凝聚力和战斗力的下降。对于我们党来说，必须坚定理想信念，始终坚守马克思主义的指导地位，不断推动社会主义事业的发展。其次，从大局意识来看，苏联共产党在发展过程中缺乏对国内外形势的深刻认识和全面把握，无法立足大局、认清问题、谋划全局，这使得党在关键时刻无法作出正确的决策。因此，我们党必须不断提高全局观念、增强大局意识，把握时代潮流，科学制定发展战略，确保党和国家事业始终沿着正确的方向前进。再次，从核心意识来看，苏联共产党后期出现了严重的权力斗争和派系纷争，这严重削弱了党的权威和战斗力。我们党必须坚决维护党中央权威和集中统一领导，确保党的各级组织和全体党员在思想上政治上行动上始终同党中央保持高度一致。最后，从看齐意识来看，苏联共产党在后期出现了严重的分裂和意识形态分歧，这使得党失去了对未来方向和发展命运的自信。我们党必须始终坚持团结奋斗，加强党内团结和党外团结，形成推动事业发展的强大合力。历史和实践反复告诫我们，必须时刻保持政治清醒和自信，增强大局意识，维护党中央权威和集中统一领导，加强团结奋斗，才能确保党和国家事业不断从胜利走向新的胜利。

2. 坚定“四个自信”

习近平总书记指出：“当今世界，要说哪个政党、哪个国家、哪个民族能够自信的话，那中国共产党、中华人民共和国、中华民族是最有理由自信的。”① 党章新增的“四个自信”即道路自信、理论自信、制度自信、文化自信，其拓展于党的十八大所提出的道路自信、理论自信、制度自信“三个自信”。随着中国特色社会主义实践的不断推进，2016年，习近平总书记在庆祝中国共产党成立95周年大会上提出“坚持中国特色社会主义道路自信、理论自信、制度自信、文化自信”，将文化自信加入“三个自信”的理论框架，由此形成了中国特色社会主义道路、理论、制度、文化“四位一体”逻辑体系。

道路是党的全部理论和实践的立足点，是党的生命。道路自信是我们坚定不移的首要自信，它关乎着中国特色社会主义事业的前行轨迹与发展方向。我们的道路自信，深深植根于党领导人民在各个历史时期所取得的举世瞩目的辉煌成就之中。这些成就，不仅证明了中国特色社会主义道路的正确性，更彰显了党对中国特色社会主义道路的坚定信念与信心。正是道路自信，为我们推进中国式现代化提供了方向指引，确保我们在新的历史征程中能够行稳致远，不断开创党和国家事业发展的新局面。因此，我们必须始终如一地坚持中国特色社会主义道路，不断增

① 《习近平关于中国特色大国外交论述摘编》，中央文献出版社2020年版，第69页。

强道路自信，为实现中华民族伟大复兴的中国梦提供坚实保障。

理论自信是我们党执政兴国的思想保证。中国特色社会主义理论体系，是马克思主义基本原理“两个结合”的产物，它深深扎根在中华大地上，汲取着中华优秀传统文化的养分，始终强调人民至上、群众第一的观点。在这一科学理论的指引下，中国共产党始终坚持“江山就是人民、人民就是江山”的执政理念，紧密依靠人民，充分发挥人民的智慧和创造力。同时，党始终把人民对美好生活的向往作为奋斗目标，不断提高人民的生活水平和质量，赢得了人民的广泛认可和衷心拥戴。这种理论自信，不仅是我们党团结带领人民夺取伟大胜利的重要法宝，也是我们党不断从胜利走向新的胜利的强大精神支撑。

制度自信体现为对党的执政方式和经验的认同。科学、民主和依法执政是中国共产党经过长期探索而形成的符合中国国情的执政方式，是中国特色社会主义制度的重要特色和优势。中国特色社会主义制度体系凝聚了党的智慧和人民的创造，展现了独特的优势与魅力。与西方的“三权分立”不同，我们的制度更加注重党的领导与人民民主的有机结合，确保了政治稳定和社会发展的连贯性，而全过程人民民主更是凸显了人民在国家事务中的核心地位，真正做到了让人民当家作主，全面依法治国则为社会公平正义筑牢了坚实屏障。制度自信不仅是对中国特色社会主义制度体系的坚定信念，更是对中国未来光明前景的期许，它鼓励我们在实践中不断创新，与时俱进，使中国特色社会主义制度始终充满生机与活力。

文化自信是精神支撑。文化是国家的软实力，是推进国家治理体系和治理能力现代化的重要基石。文化自信的动力源于中华优秀传统文化、革命文化和社会主义先进文化的交融与浸润。中华优秀传统文化是中华民族的突出优势，是我们最深厚的文化软实力，它蕴含了包容互鉴、历久弥新的鲜明特色，是中华民族独特的精神标识。这种文化不仅塑造了中华民族的性格和品质，也为我们的精神追求提供了深厚的底蕴。革命文化是近代以来中国共产党领导中国人民在伟大斗争中构建的文化。它以马克思主义为指导，以“革命”为精神内核和价值取向，继承中华优秀传统文化，借鉴世界优秀文明成果，是具有鲜明中国特色的先进文化。革命文化是中国共产党人和广大人民群众优良传统和品格风范的集中体现，是推进中华民族伟大复兴的强大精神动力。社会主义先进文化是在党和人民伟大斗争中孕育而出的，它代表了中华民族先进文化的前进方向。这种文化坚持为人民服务、为社会主义服务，坚持百花齐放、百家争鸣，坚持创造性转化和创新性发展，不断铸就中华文化新辉煌。这些文化力量，为中国式现代化提供了坚实的智力支撑和精神动力，激励着中国人民为实现民族复兴而不懈奋斗，我们应当自信地展示中国特色、中国风格、中国气派，不断提振当代中国精神。

3. 做到“两个维护”

是否具有坚强的领导核心和科学的理论引领，是事关党和国家前途命运、党和人民事业成败的根本问题。“两个维护”是党的最高政治原则和根本政治规矩，其根源于马克思主义理论和国际共产主义运动的重大历史经验，是我们党在新时代以伟大社会革命推动伟大自我革命的成功实践的结晶，也是全党在新时代所形成的普遍共识和共同意志。当前，“两个维护”被写入新修订的党章，并作为党员干部的重要义务，彰显了新时代对党员干部的义务核心要求，也对党员干部履职尽责提出了更高标准。“两个维护”关乎党的事业成败，关系党的前途命运，因此，全体党员和领导干部要严格遵照党章规定，在政治立场、政治方向、政治原则、政治道路上做“两个维护”的坚定拥护者和实践者，推动全党的团结统一，并在此基础上，“以统一的意志和行动维护党的团结统一，不断增强党的政治领导力、思想引领力、群众组织力、社会号召力”[①]。

新增“两个维护”的义务要求，对于全面履行党员义务、提升党员干部政治意识具有统领和推动作用。党章中规定的党员义务一共有8条，虽然“两个维护”没有单列，却是8条义务中的首要义务，是占据统领性地位的。旗帜鲜明讲政治，是我们党作为马克思主义政党的根本要求，也是共产党员的首要品质。维护党中央权威，其核心要义在于坚决维护习近平总书记党中央的核心、全党的核心地位。对于一个执掌国家政权的政党组织而言，核心领袖的存在是至关重要的。没有这样的核心领袖，组织内部就难以形成共识，进而可能导致组织的凝聚力和战斗力受到严重削弱，甚至陷入一盘散沙、群龙无首的境地。新时代以来，习近平总书记以其卓越的政治智慧、坚定的政治信念和卓越的领导能力，赢得了全党全军全国各族人民的衷心拥护和爱戴。因此，维护习近平总书记党中央的核心、全党的核心地位，不仅是维护党中央权威的内在要求，更是确保党和国家事业长治久安的根本保证。我们必须深刻认识到这一点，坚决拥护和支持习近平总书记的领导，确保党的各项决策和部署能够得到有效执行，推动中国特色社会主义事业不断向前发展。同时，我们也要不断加强党的建设，提高党的执政能力和领导水平，确保党始终成为中国特色社会主义事业的坚强领导核心。

一方面，要强化政治自觉，切实增强旗帜鲜明讲政治的主体意识，坚决维护党中央权威和党的团结统一。“同党中央保持一致不是一个空洞口号，而是一个重大政治原则。在指导思想和路线方针政策以及关系全局的重大原则问题上，全党必须在思想上政治上行动上同党中央保持高度一致。”[②] 概言之，就是要认真学习党章党规党纪等一系列党内法

① 《习近平谈治国理政》第3卷，外文出版社2020年版，第547页。
② 《习近平关于依规治党论述摘编》，中央文献出版社2022年版，第23页。

规制度并严格遵守，确保党员干部的一言一行能够始终在思想上政治上行动上同党中央保持高度一致，坚定维护党的团结统一。严格遵守党内政治生活的有关制度和组织程序，坚决服从组织决定，做到在党言党、在党忧党、在党为党。纪律的效用在于执行，严格执纪是严明组织纪律的重要保证，也是坚定捍卫“两个确立”、坚决做到“两个维护”的重要实践基础。

另一方面，要做到“两个维护”，最为核心的就是要确保党的路线方针政策和各项决议得到全面贯彻落实，确保党中央的重大决策部署和习近平总书记的重要指示批示得到不折不扣地执行。从党章文本中也可以看到，“两个维护”之后紧接的就是贯彻执行党的基本路线和各项方针、政策等内容，这是衡量党员干部政治觉悟和政治能力的重要标准，也是检验我们工作成效的重要尺度。党员干部作为党的骨干力量，必须坚定执行党的政治路线，始终保持政治上的清醒和坚定。对于党中央提倡的，要坚决响应，积极投身其中，以实际行动展现对党的忠诚；对于党中央决定的，要坚决照办，不打折扣、不搞变通，确保各项决策部署落到实处；对于党中央禁止的，要坚决杜绝，决不允许有任何违反党纪国法的行为发生。在这个过程中，决不允许出现“上有政策、下有对策”的情况，决不允许有禁不止、有令不行，更决不允许在贯彻执行中央部署时打折扣、做选择、搞变通。这些都是对党的纪律和规矩的严重挑战，必须坚决予以纠正和惩治。党员干部要时刻保持清醒的头脑，明辨是非，坚决抵制各种错误思潮和错误行为的侵蚀。对于那些在党中央面前阳奉阴违、做选择、搞变通的“两面人”，我们要保持高度的警惕，一旦发现，就要严肃处理，决不姑息。

（二）弘扬伟大建党精神，坚守初心使命

党的二十大党章修正案在总纲中增写“弘扬坚持真理、坚守理想，

践行初心、担当使命，不怕牺牲、英勇斗争，对党忠诚、不负人民的伟大建党精神”的内容，将党的初心使命、党的百年奋斗成果和历史经验写入党章，深刻诠释了中国共产党立党为公、执政为民的坚定信念，同时也彰显了百年奋斗伟大成就的取得离不开人民群众的信任与支持以及人民群众的共同创造，这不仅是党自成立以来始终坚守的价值追求，更是党在百年奋斗历程中铸就的伟大精神谱系的核心价值所在。它体现了我们党始终将人民利益放在首位，全心全意为人民服务的根本宗旨，也彰显了我们党在风雨兼程中不忘初心、牢记使命的坚定决心。这种精神内核，不仅是我们党取得辉煌成就的重要支撑，更是激励我们继续前行、不断创造新的历史辉煌的强大动力。

伟大建党精神是中国共产党的精神之源。习近平总书记在庆祝中国共产党成立 100 周年大会上的重要讲话中，首次明确概括了伟大建党精神的科学内涵和历史定位：“一百年前，中国共产党的先驱们创建了中国共产党，形成了坚持真理、坚守理想，践行初心、担当使命，不怕牺牲、英勇斗争，对党忠诚、不负人民的伟大建党精神，这是中国共产党的精神之源。”① 伟大建党精神，这一充满力量与智慧的灵魂标识，对于激励全党全国各族人民传承红色基因、赓续红色血脉，以更加昂扬的奋斗姿态书写新时代的华彩篇章，具有深远而重大的意义。伟大建党精神是我们党的宝贵精神财富，它承载着党的初心使命，彰显了党的光辉历程。传承红色基因，就是要继承发扬党的优良传统和作风，让党的历史成为我们前进的不竭动力。赓续红色血脉，则是要在新时代新征程中，坚守党的信仰，坚定党的信念，确保党的事业薪火相传、生生不息。在新的历史起点上，全体党员干部要以伟大建党精神为指引，以更

① 习近平：《在庆祝中国共产党成立 100 周年大会上的讲话》，人民出版社 2021 年版，第 8 页。

加昂扬的奋斗姿态，迎接新时代的挑战和机遇。我们要紧密团结在以习近平同志为核心的党中央周围，不忘初心、牢记使命，为实现中华民族伟大复兴的中国梦而不懈奋斗，书写新时代的华彩篇章。

以伟大建党精神激励全体党员干部永葆初心使命是新时代党员干部成长成才的必然要求。伟大建党精神的丰富内涵包括："坚持真理、坚守理想"，其具体的要求是党员干部在理论指导上要牢牢坚持马克思主义基本原理、马克思主义中国化最新理论成果等的科学指导，以科学的理论指导夯实坚定的信念信仰；"践行初心、担当使命"，其具体要求是党员干部要时时刻刻牢记党的初心使命，在一切实践活动中都要清楚地意识到自己是党的干部、是人民的干部，切不可公权私用、以公谋私，切实担负起自身的职责使命、职责任务；"不怕牺牲、英勇斗争"，这是对党员干部的至高要求，也是我们党最鲜明的特质和特点，其具体要求是党员干部在入党的那一刻，在对着党章宣誓之时，就要明白自身担负的责任与义务，彰显的是对党的伟大历史的缅怀，对未来开创伟大事业精神动力的支撑；"对党忠诚、不负人民"，这是我们党在成立之初，就对党员作出的明确规定，是中国共产党人首要的政治品质要求。党章是党的总章程，是党的根本大法。新时代新征程中，弘扬伟大建党精神、坚守初心使命已然成为一条重要法规要求，党员干部要继续弘扬光荣传统、赓续红色血脉，坚持不懈把伟大建党精神继承下去、发扬光大，始终坚守为中国人民谋幸福、为中华民族谋复兴的初心和使命，从而确保我们党始终赢得人民衷心拥护和坚定支持。

一方面，要弘扬伟大建党精神，筑牢坚守初心使命的思想根基。伟大建党精神，是党的初心和使命的集中体现，也是我们党百年奋斗历程中形成的宝贵精神财富。它激励着一代又一代共产党人，为了人民的幸福和民族的复兴而不懈奋斗。在新时代，我们要继续弘扬这种精神，将其转化为推动经济社会发展的强大动力。在坚持真理、坚守理想的过程中，我们要始终保持对马克思主义的信仰和对中国特色社会主义的信念。马克思主义是我们立党立国、兴党兴国的根本指导思想，它揭示了人类社会发展的一般规律，为我们提供了认识世界、改造世界的强大思想武器。我们要深刻认识到，只有坚持马克思主义的指导地位，才能确保党和国家事业始终沿着正确方向前进。同时，我们还要不断推进马克思主义中国化时代化。习近平新时代中国特色社会主义思想，是当代中国马克思主义、21 世纪马克思主义的最新成果，是我们党在新的历史条件下进行伟大斗争、建设伟大工程、推进伟大事业、实现伟大梦想的行动指南。在新征程上，我们要进一步学懂弄通做实习近平新时代中国特色社会主义思想，将其贯穿到工作的全过程和各方面。要深刻领会贯穿其中的世界观和方法论，不断提高运用科学理论解决实际问题的能力。同时，我们还要铸牢理想信念的总开关，深刻认识贯穿其中的真理性、思想性、科学性，确保我们的工作始终沿着正确的方向前进。

另一方面，要弘扬伟大建党精神，矢志不移践行初心、担当使命。中国共产党历经百余年波澜壮阔的奋斗历程，如今正迈向新的历史征程。站在新的历史起点上，我们党肩负着中华民族千秋伟业的重任，致力于推动人类和平与发展的崇高事业。这份责任无比重大，这份使命无上光荣。习近平总书记在党的二十大报告中深刻指出："全党同志务必不忘初心、牢记使命，务必谦虚谨慎、艰苦奋斗，务必敢于斗争、善于斗争，坚定历史自信，增强历史主动，谱写新时代中国特色社会主义更加绚丽的华章。"这一重要论述，为我们党在新时代的历史征程中指明了前进方向，提供了根本遵循。当前，中国共产党的中心任务就是团结带领全国各族人民全面建成社会主义现代化强国、实现第二个百年奋斗目标。这是一项艰巨而伟大的任务，需要我们党以更加昂扬的斗志、更加务实的作风、更加有力的举措，全面推进中华民族伟大复兴。新征程上，实现新时代党的历史使命，必须始终牢记“三个务必”。我们要务必不忘初心、牢记使命，始终保持对党的忠诚和对人民的热爱，把人民的利益放在首位，全心全意为人民服务；务必谦虚谨慎、艰苦奋斗，始终保持清醒的头脑和昂扬的斗志，不畏艰难险阻，勇攀事业高峰；务必敢于斗争、善于斗争，始终保持敢于直面问题、敢于解决问题的勇气和智慧，坚决维护党和人民的利益。我们党始终与人民心连心、同呼吸、共命运。因此，我们必须始终同人民想在一起、干在一起，深入了解他们的所思所盼，真诚倾听他们的呼声，真实反映他们的愿望，真情关心他们的疾苦。全体党员干部尤其是领导干部要在解决群众急难愁盼问题上，用心用情用力。每一个问题，都关系到群众的切身利益，都牵动着他们的心。不能轻视，更不能漠视。要深入调研，找出问题的症结所在，制定出切实可行的解决方案，并付诸实践。全党同志要牢记入党誓言，始终与人民站在一起，用心用情用力解决群众问题，推动共同富裕取得新进展，为实现中华民族伟大复兴的中国梦而不懈奋斗。

（三）党的自我革命永远在路上

党的二十大党章修正案在总纲中增写了“以伟大自我革命引领伟大社会革命”以及“党的自我革命永远在路上”的内容。党的二十大报告指出：“全面从严治党永远在路上，党的自我革命永远在路上，决不能有松劲歇脚、疲劳厌战的情绪，必须持之以恒推进全面从严治党，深入推进新时代党的建设新的伟大工程，以党的自我革命引领社会革命。”这一重要变化与重要论述，彰显了我们党一以贯之坚持自我革命的坚定决心，彰显了马克思主义政党政治本色，展现了我们党最鲜明的品格和独特优势，标志着我们党对自身建设规律和执政规律的认识达到了新高度。勇于自我革命是中国共产党区别于其他政党的显著标志，揭示了我们党长盛不衰、风华正茂的奥秘所在，是我们党找到的跳出治乱兴衰历史周期率的第二个答案。为此，这既是对全党的新要求，也是对全体党员干部如何坚守初心使命、坚持底线思维、守住政党本性，确保以自我革命坚定信仰信念信心，确保党始终保持先进性纯洁性提出的新要求。

强调党的自我革命永远在路上，彰显了马克思主义政党的政治本色，展现了我们党最鲜明的品格和独特优势。中国共产党敢于自我革命、勇于自我革命、善于自我革命，这既是马克思主义政党的本质属性、内在要求之必然，也是党始终不渝践行初心使命之应然。中国共产党坚持自我革命的理论逻辑，源自马克思主义政党的本质属性、批判性要求；其实践逻辑，则源自自我革命与社会革命辩证统一于党的一切实践活动中。中国共产党自我革命的探索，贯穿于百年大党砥砺奋进的全过程、各方面，既积累了丰富的自我革命经验，也通过科学处理社会革命与自我革命两大革命的辩证关系，形成了良好的自我革命与社会革命相互促进的体制机制，这是我们党创造百年历史伟业的重要经验总结。新时代十年通过全面从严治党实践和理论探索，我们不断深化对党的自我革命的认识，积累了丰富的实践经验，形成了一系列重要理论成果。习近平总书记指出："回顾改革开放四十年的历程，我们可以清楚看到，在进行社会革命的同时不断进行自我革命，是我们党区别于其他政党最显著的标志，也是我们党不断从胜利走向新的胜利的关键所在。"[①] 在党的二十大报告中习近平总书记再次强调，"经过不懈努力，党找到了自我革命这一跳出治乱兴衰历史周期率的第二个答案"。习近平总书记指出，在新的历史条件下，要永葆党的马克思主义政党本色，关键还得靠我们党自己。[②] 全面从严治党永远在路上，党的自我革命永远在路上。

① 《习近平关于依规治党论述摘编》，中央文献出版社 2022 年版，第 14 页。
② 习近平：《更好把握和运用党的百年奋斗历史经验》，《求是》2022 年第 13 期。

踏上实现第二个百年奋斗目标新的赶考之路，党面临的新时代新形势新任务要求必须持续推进自我革命，牢牢坚持自我革命的勇气和智慧，时刻保持解决大党独有难题的清醒和坚定，坚决克服松劲歇脚、疲劳厌战的情绪，坚决清除一切侵蚀党的健康肌体的病毒，并以党的自我革命引领社会革命，毫不动摇把党建设得更加坚强有力。

强调党的自我革命永远在路上，有利于推动党员干部增强自我革命意识，坚定敢于自我革命的勇气，牢记初心使命，以坚定的理想信念筑牢信仰之基。党的初心使命承载着党的理想信念，是激励共产党人不断进行自我革命的本质规定。用初心使命砥砺全党，用理想信念凝聚全党，是新时代中国共产党进行自我革命的鲜明特征。理想信念是社会群体在共同的生产生活场域中，经历一定的时间磨合与协商，形成的具有凝聚效力的思想精神纽带。一旦全体社会成员对某种理想信念形成固定的认同感，其凝聚力量就能够把整个社会群体调动起来。因此，稳定的牢固的理想信念也是政党进行社会统治与治理的重要手段和方式。但理想信念的凝聚并非易事，其发挥作用的前提是在最大程度上满足最大多数社会成员的利益诉求。中国共产党人所选择并不断践行的理想信念既具备科学的理论指导，也经过长时期的实践检验，承载着党的初心使命，成为全体中国人民共同的利益诉求与价值追求。同时，作为对资产阶级政党超越性发展的马克思主义执政党，最本质的区别就是对大多数人共同利益的关怀、对全人类未来命运的思考、对人的自由全面发展的价值追求，这些价值追求始终熔铸于党的初心使命之中，确保了党的自我革命始终有坚定的理想信念、坚定的信仰追求，使党始终走在时代前列。新征程，坚持党的自我革命永远在路上，以党的自我革命引领伟大社会革命，需要做到以下几点。

第一，坚持以党的政治建设为统领，坚守自我革命根本政治方向。党的团结统一是党的生命，党中央坚强有力领导是我们战胜一切困难和风险的根本保证。要坚持把党的政治建设摆在首位，引导推动全党坚定拥护“两个确立”、坚决做到“两个维护”，把党的领导落实到管党治党、治国理政各领域各方面各环节。严明政治纪律和政治规矩，增强党内政治生活的政治性、时代性、原则性、战斗性，推进政治监督具体化、精准化、常态化，坚决防止和治理“七个有之”，坚决清除对党中央阳奉阴违的“两面人”“两面派”，不断净化党内政治生态，推动全党坚定执行党的政治路线，确保党中央关于中国式现代化的重大决策部署贯彻落实到位。

第二，自我革命关键要有正视问题的自觉和刀刃向内的勇气。敢于直面问题、勇于修正错误是我们党的显著特点和优势。习近平总书记强调，中国共产党的伟大不在于不犯错误，而在于从不讳疾忌医，敢于直面问题，勇于自我革命，具有极强的自我修复能力。① 要发扬彻底的自我革命精神，把正视问题内化为一种自觉，把刀刃向内变成一种习惯，有什么问题就解决什么问题，什么问题突出就优先解决什么问题，以鲜明的问题导向和直面问题的勇气和担当，破解管党治党中的突出矛盾和问题。要坚持把思想建设作为党的基础性建设，淬炼自我革命的锐利思想武器；坚持以严明纪律整饬作风，拓展自我革命有效途径；坚持以雷霆之势反腐惩恶，打好自我革命攻坚战持久战；坚持增强党组织政治功能和组织功能，锻造敢于善于斗争、勇于自我革命的干部队伍。

第三，完善党的自我革命制度规范体系。制度问题带有根本性、全局性、稳定性和长期性。党的自我革命是一项长期性工作，需要以事关全局性、根本性、稳定性的制度保障作为其长效机制。党的二十大报告把制度建设摆在更加突出位置，要求完善党的自我革命制度规范体系。要完善党内法规制度体系，不断扎紧扎牢制度笼子，增强党内法规权威

---

① 《习近平著作选读》第 1 卷，人民出版社 2023 年版，第 576 页。

性和执行力。巩固深化政治巡视，落实巡视全覆盖任务，加强巡视整改和成果运用。完善问责制度，落实责任追究机制。要按照党统一领导、全面覆盖、权威高效的总要求，进一步深化改革，健全党和国家监督体系，以党内监督为主导，促进各类监督力量整合、工作融合，强化对权力监督的全覆盖、有效性，确保党和人民赋予的权力始终用来为人民谋幸福。

（四）从严管党治党，永葆先进性纯洁性

党的二十大党章修正案在总纲中增写与完善了坚持从严管党治党的要求，增强了“不断健全党内法规体系”的要求，提出要“强化全面从严治党主体责任和监督责任”，“一体推进不敢腐、不能腐、不想腐”，为新时代新征程中坚持全面从严治党永远在路上，把严的标准、严的措施贯穿于管党治党全过程和各方面，以确保坚决清除一切损害党的先进性和纯洁性的因素，清除一切侵蚀党的健康肌体的病毒，以党永不变质确保红色江山永不变色。党的十八大以来，党中央把全面从严治党纳入“四个全面”战略布局，以前所未有的勇气和定力推进党风廉政建设和反腐败斗争，刹住了一些多年未刹住的歪风邪气，解决了许多长期没有解决的顽瘴痼疾，清除了党、国家、军队内部存在的严重隐患，管党治党宽松软状况得到根本扭转，探索出依靠党的自我革命跳出历史周期率的成功路径。二十大党章凝结党的百年奋斗伟大成就和历史经验，吸收新时代党的建设、全面从严治党实践新成果，为进一步加强党的建设，坚持党要管党、全面从严治党提供了重要法规依据和实践指引，也为规范党员干部行为、纯洁党的队伍提供了重要法规保障。

第一，党的二十大党章明确提出要“不断健全党内法规体系”。党内法规制度的完备程度，无疑是衡量一个政党发展水平与执政水平的重要标尺。这充分彰显了以习近平同志为核心的党中央对全面从严治党、

依规治党的坚定决心，对新征程上不断开创依规治党新局面具有重要指导意义。健全党内法规体系，是党中央加强党的自我革命、永葆党的生机活力的重大举措，也是推动全面从严治党向纵深发展的必然要求。习近平总书记在庆祝中国共产党成立100周年大会上指出，我们党已经“形成比较完善的党内法规体系”。党内法规体系不仅仅是一套规章制度的简单罗列，其完备程度更是政党内部治理体系成熟与否、执政能力高低的重要体现。首先，党内法规制度的完备程度直接反映了政党的组织纪律性和自我约束能力。一个拥有完善党内法规制度的政党，能够确保党员行为的规范性和一致性，维护党的团结统一。同时，通过法规制度的约束，可以有效防止权力的滥用和腐败的滋生，提升党的形象和公信力。其次，完备的党内法规制度有助于提升政党的执政效能。在法规制度的指引下，党员领导干部能够明确职责、规范行为，确保党的决策和部署得到有效执行。这不仅能够提高党的工作效率和行政效能，还能够增强党的凝聚力和战斗力，推动党的各项事业不断向前发展。最后，党内法规制度的完备程度还体现了政党对治理现代化的追求。随着时代的进步和社会的发展，政党治理面临着越来越多的挑战和机遇。通过不断完善党内法规制度，政党能够适应时代发展的需要，推动治理体系和治理能力现代化，为国家的长治久安提供有力保障。站在新的历史起点上，我们要坚持以习近平新时代中国特色社会主义思想为指导，全面贯彻落实党的二十大精神，不断健全党内法规体系，推动依规治党向纵深发展。我们要以更加坚定的决心、更加有力的举措、更加务实的作风，推动新时代党的建设新的伟大工程取得新的更大成就，为实现中华民族伟大复兴的中国梦提供坚强保证。

第二，党的二十大党章明确要“强化全面从严治党主体责任和监督责任”。当前，我们党正以前所未有的决心和力度，深入推进各级党组织落实全面从严治党主体责任。全面从严治党主体责任，是党组织和党员领导干部必须肩负起的重大政治责任。这一重要举措，不仅体现了党对自身建设的深刻认识，更彰显了我们党在新时代坚持自我革命、不断自我净化的坚定信念。它要求各级党组织必须时刻保持清醒头脑，始终保持对党风廉政建设和反腐败斗争的高压态势。在这个过程中，各级纪律检查机关发挥着至关重要的作用，不仅要严格执行党的纪律，还要加强对党组织和党员领导干部的日常监督，确保党的纪律和规矩得到严格执行。同时，党的工作部门也承担着重要的监督责任。这些部门在各自的职责范围内，通过制定和执行相关政策、制度，推动全面从严治党各项任务的落实。此外，党员的监督义务同样不可忽视。每一名党员都应当发挥先锋模范作用，积极参与到党风廉政建设和反腐败斗争中来，共同维护党的纯洁性和先进性。在推进全面从严治党的过程中，我们党还不断深化监察体制改革，贯通融合各类监督。通过整合和优化监督资源，形成了既相互制约又协调高效的监督体系。这一体系不仅提高了监督的针对性和有效性，还为反腐败斗争提供了有力支撑。

第三，党的二十大党章明确要“一体推进不敢腐、不能腐、不想腐”。我们党历来高度重视反腐败斗争。党的十八大以来，党中央深入推进党风廉政建设和反腐败斗争，坚持无禁区、全覆盖、零容忍，以零容忍态度惩治腐败，构建不敢腐、不能腐、不想腐的有效机制，紧盯重点问题、重点领域、重点对象，紧盯新型腐败和隐性腐败，坚决清除系统性腐败风险隐患，反腐败斗争取得压倒性胜利并全面巩固。新时代以来，我们党坚持一体推进“三不腐”的战略布局，即不敢腐、不能腐、不想腐，旨在打通三者之间的内在联系，形成反腐败斗争的强大合力。通过坚持同时发力、同向发力、综合发力、标本兼治，促使广大党员干部牢固树立了“三不腐”的思想防线，确保他们始终坚守公正用权、为民用权、依法用权、廉洁用权的初心使命。一体推进“三不腐”不仅是对反腐败斗争的深化，更是对党员干部政治品质的锤炼。在推进过程中，我们注重加强制度建设，完善监督体系，让权力在阳光下运行，确保权力不被滥用、不被私用。同时，我们还加强思想教育，引导党员干部树立正确的权力观、地位观、利益观，从思想上筑牢拒腐防变的堤坝，切实提高了治理腐败的效能，有效遏制了腐败现象的滋生蔓延。党员干部的廉洁自律意识明显增强，党的执政能力和领导水平得到了进一步提升。这不仅夯实了党长期执政的政治基础，也为实现中华民族伟大复兴的中国梦提供了坚强保障。在新征程上的反腐败斗争中，必须在铲除腐败问题产生的土壤和条件上持续发力、纵深推进。未来，还要坚持一体推进不敢腐、不能腐、不想腐，深化标本兼治、系统施治，不断拓展反腐败斗争深度广度，对症下药、精准施治、多措并举，让反复发作的老问题逐渐减少，让新出现的问题难以蔓延，推动防范和治理腐败问题常态化、长效化。

二、铁纪“长牙”

2023 年 12 月 19 日，新修订的《中国共产党纪律处分条例》由中共中央印发，这是自党的十八大以来，继 2015 年、2018 年两次修订之后的第三次修订。《条例》的修订反映了我们党推进全面从严治党实践的不断深入，并在此过程中与时俱进地完善管党治党的基础性法规，因此，新修订《条例》的发布也为全党划定了新的纪律红线，需要全体党员和领导干部以此来约束自己，不触碰纪律红线。

（一）把严守政治纪律和政治规矩放在首位

“政治纪律是最重要、最根本、最关键的纪律，遵守党的政治纪律是遵守党的全部纪律的重要基础。政治纪律是各级党组织和全体党员在政治方向、政治立场、政治言论、政治行为方面必须遵守的规矩，是维护党的团结统一的根本保证。”① 正如习近平总书记指出：“现代政党都是有政治纪律要求的，没有政治上的规矩不能成其为政党。”② 因此，全体党员和领导干部要把遵守政治纪律和政治规矩放在首位，以新修订的《条例》为遵循，坚决做到“两个维护”，坚定政治信仰，确保党中央政令畅通，树立正确的政绩观。

1. 确保对党忠诚

新修订的《条例》将“两个维护”的要求贯穿始终，并充实了对党不忠诚不老实、破坏党的团结统一的处分条款。在第五十四、五十五条分别增加了对搞政治攀附或充当、结交政治骗子或被政治骗子利用的处分条款。从近些年落马的官员案例来看，其中许多人曾经有过结交政治骗子和被骗的经历。广州市委原书记万庆良受贿 1.1 亿元，然而其中 5000 万元是支付给政治骗子用于“摆平”中纪委。2013 年底，万庆良听到“风声”，与商人陈族远商议如何逃避组织调查，并通过陈族远认识了自我包装能“游说中央领导”的欧阳荣华，承诺向其支付 1 亿元，并最终支付 5000 万元，然而，政治骗子并未实施“摆平”，随着陈族远被查，万庆良也于 2014 年 6 月 27 日落马，商定的金额 1 亿元“摆平金”也成了其本人的罪证。除万庆良外，天津市原市长黄兴国也曾将名叫荆毅的“神秘人物”奉为座上宾，后在其产生怀疑时，派人调查才发现这位“神秘人物”只是天津河西区的一个普通市民。他们之所以无视政治纪律和政治规矩，为了自己所谓的“仕途”搞团团伙伙、拉帮结派、尔虞我诈，从根源上来说就是不能做到“两个维护”，无视党中央权威和集中统一领导，对党不忠诚、不老实，将党组织赋予的权

① 《习近平关于依规治党论述摘编》，中央文献出版社 2022 年版，第 23 页。
② 《十八大以来重要文献选编》上，中央文献出版社 2014 年版，第 133 页。

力理解为个人权力，搞人身依附、培植个人势力，最终也辜负了党和人民的信任和期待。

习近平总书记指出："党内所有的政治问题，归根到底就是对党是否忠诚。"① "忠于党、忠于人民、无私奉献，是共产党人的优秀品质。党的事业，人民的事业，是靠千千万万党员的忠诚奉献而不断铸就的。"② 作为中国共产党人铸就百余年辉煌的重要法宝，对党忠诚是党的生命力、凝聚力和战斗力的源泉，是党的政治建设的根本和核心，中国共产党之所以能够始终成为中华民族实现伟大复兴事业的坚强领导核心，其中一个重要原因就在于党始终将对党忠诚作为自身建设的基石。历史和现实反复证明，对党忠诚是党员领导干部抵御各种风险考验的"定海神针"。在复杂多变的政治环境中，只有坚守对党忠诚的政治品格，才能保持清醒的头脑，作出正确的决策，抵御各种诱惑和腐蚀。正如习近平总书记所指出的，"对党不忠诚，做人不老实，就会生出取巧之心，就会去搞拉关系、走门路、权钱交易等投机钻营那一套"③。对党忠诚是每个党员的政治责任和道德义务，更是每一名党员、领导干部必须坚守的政治底线和行动准则，对党忠诚不是空洞的口号，而是具体体现在每一名党员的日常行为和工作实践中。广大党员干部必须继续发扬这一优良传统，将对党忠诚内化于心、外化于行。要不断加强理论学习和政治能力历练，深刻理解党的理论和路线方针政策，增强政治敏锐性和政治鉴别力；要用坚定的理想信念不断砥砺忠诚，始终保持对共产主义远大理想和中国特色社会主义共同理想的坚定信仰；同时还要用严格的党内政治生活不断淬炼忠诚，通过批评和自我批评、党性分析等方式，不断净化思想、锤炼党性。更重要的是，广大党员干部要在实践中

① 《习近平著作选读》第 2 卷，人民出版社 2023 年版，第 119 页。
② 《习近平书信选集》第 1 卷，中央文献出版社 2022 年版，第 54 页。
③ 《习近平谈治国理政》第 4 卷，外文出版社 2022 年版，第 529 页。

不断磨炼本领，用担当作为来践行和诠释忠诚。无论是推动经济社会发展，还是维护社会稳定和谐，都需要党员干部以高度的责任感和使命感去担当作为。只有将对党忠诚转化为推动工作的强大动力，才能真正做到不负人民重托、不负历史使命。

2. 坚定政治信仰

习近平总书记在听取陕西省委和省政府工作汇报时强调要“真正成为政治上的明白人”。而要真正成为政治上的明白人，就要坚定政治信仰，因为政治信仰是否坚定是衡量党员干部党性是否坚定、世界观人生观价值观是否正确的重要标准，只有政治信仰坚定，党员干部才能保持先进性和纯洁性，党的组织才能坚强有力。政治上的坚定源于理论上的清醒，“马克思主义是我们立党立国、兴党兴国的根本指导思想。实践告诉我们，中国共产党为什么能，中国特色社会主义为什么好，归根到底是马克思主义行，是中国化时代化的马克思主义行。拥有马克思主义科学理论指导是我们党坚定信仰信念、把握历史主动的根本所在”①。

《条例》在总则的第三条新增了对党组织和党员坚守初心使命和“四个自信”的要求，在分则的政治纪律部分第五十二条新增了对私自阅看、浏览、收听有政治问题的各种资料的处分规定，第七十条进一步完善了对党员宗教信仰、个人搞迷信活动行为的处分条款。这些新增和完善的内容旨在进一步规范党员干部的信仰，使其树牢马克思主义的信仰，彻底根除个别党员干部信仰不坚定的问题。比如，重庆市渝北区委原常委吴德华曾于1998年至2003年在香港理工大学做访问学者，在此期间，他购买、阅读有政治问题的书刊，并认为上面的反动内容是言论自由的表现，即便是后来职位提升，他依旧未及时纠正这一错误行径，

① 习近平：《高举中国特色社会主义伟大旗帜　为全面建设社会主义现代化国家而团结奋斗——在中国共产党第二十次全国代表大会上的报告》，《人民日报》2022年10月26日。

继续阅读从境外带回的反动刊物。随着阅读这些反动刊物的增多，吴德华的信仰产生动摇，思想出现了严重滑坡，逐渐走上了利用权力牟取私利的腐败道路。甚至在孙政才案发后，吴德华怕牵连自己，为了所谓的“刺探内幕”，专门托人从国外带回两本有严重政治问题的刊物。吴德华的信仰动摇还体现在宗教信仰方面，他加入非法组织，企图自创歪理邪说将佛教、道教、基督教、伊斯兰教等宗教教义进行融合。与其类似的还有湖北省自然资源厅原党组成员、省纪委监委驻省自然资源厅纪检监察组原组长王保平，热衷于购买、传看和收藏有严重政治问题的书刊，导致思想蜕变。这些人就是因为政治信仰的丧失才逐渐走上了贪污腐败、违纪违法的道路。

《条例》新增对党员干部信仰内容的规定进一步明确了对党员的信仰要求，能够更好地发挥指引作用，同时也有助于强化中国共产党关于信仰管理的约束力，进一步扎牢制度的笼子，为党员干部坚定理想信念提供更为有效的保障。全体党员和领导干部要坚定对马克思主义的信仰，主动提高防止歪风邪气侵袭的能力，在真理的指引下走好为人民服务的奋斗道路。

3. 确保党中央政令畅通

中国共产党是执政党，办好中国的事情关键在党，而政令畅通是我们党治国理政的基本保证。为什么我们党如此强调党中央权威和集中统一领导？根本目的就是要在错综复杂的国内外形势中维护党的团结统一，把全党的思想和行动统一到党中央精神上来，把党的理论和路线方针政策、党中央的决策部署坚决贯彻下去。对于我们这么一个大党、这么大一个国家，如果不能保证党中央政令畅通，那么就可能造成各个部门、各个地方各自为政、自行其是，最终影响到党的执政能力和国家的治理效能，因此，我们要带头维护党中央权威，在思想上政治上行动上同党中央保持高度一致，不折不扣贯彻执行党中央的路线方针政策和重大工作部署，心往一处想、劲往一处使，确保党中央政令畅通。

以往，一些地方的党员或干部在贯彻执行党的理论、路线、方针、政策、决议和国家法律法规中存在上有政策、下有对策，有令不行、有禁不止的情况，已经成为政治生态的顽疾。比如，江西省抚州市人力资源和社会保障局原党组成员、副局长徐能华，市人社局原党组成员、医保局原局长孔咏春等人在制定和调整门诊统筹政策的过程中，仅从本部门利益出发，擅自取舍文件内容，对政策选择性执行，最终导致减轻城乡居民特别是贫困人员门诊医疗费用负担的政策红利不能落实，反而演变成群众的负担，二人也因此受到了相应的处理。湖南省益阳市委原副秘书长邓宗祥在 2007 年 11 月至 2016 年 7 月主政沅江市期间因收受贿赂，对中央环保决策部署选择性执行，对非法捕捞、盗采砂石、违法建筑等现象采取纵容默许的态度，造成了生态环境不可逆的破坏，他因此受到了处理。

新修订《条例》在第五十六条增加了对“不顾党和国家大局，搞部门或者地方保护主义”行为的处分规定，同时将“贯彻党中央决策部署只表态不落实”行为由原来的工作纪律变更为政治纪律，调整到该条。这一调整就是要求党员干部必须在思想上政治上行动上同党中央保持高度一致，不允许在贯彻落实党中央决策部署过程中打折扣、做选择、搞变通，为党中央政令畅通提供更为有力的保障。

4. 树立正确的政绩观

党章明确规定：“党除了工人阶级和最广大人民群众的利益，没有自己特殊的利益。党在任何时候都把群众利益放在第一位。”对于党员干部而言，其所做的一切工作都应服务于人民群众的利益。因此，中国共产党人的政绩观也应为人民而树，在工作中坚持人民利益标准，把人民满意不满意、高兴不高兴、答应不答应、赞成不赞成作为衡量党和国家一切工作的根本标准，以造福人民为最大政绩，尊重客观的办事规律，做到“任何事情都要向上看看，向下看看”，避免在错误政绩观的引导之下，从事与党的宗旨和人民利益无关甚至相背离的工作，或好大喜功、拔苗助长，违背客观规律，导致人民利益受损。

自党的十八大以来，习近平总书记已经多次强调过党员干部要树立正确的政绩观，但从查处的案件来看，一些党员干部为了积累所谓的政治资本，仍旧大搞“形象工程”和“政绩工程”。比如，厦门市人大常委会原党组书记、主任，漳州市委原书记陈家东于 2022 年 2 月被立案调查，他的突出问题之一就是在任期间大搞“形象工程”，造成巨额损失。2013 年下半年，陈家东在上任漳州市委书记后不久，就提出打造“闽南生态文化走廊”示范段，原本依托当地特色打造旅游产业不是问题，但陈家东并未考虑长远利益，而是希望在当地一年一度的花卉博览会之前突击建成，让上级领导看到自己的政绩，因此，在未经过深入调研和可行性论证的情况下，带着风水师进行布局规划，最终花费 2.11 亿元巨额资金的项目因布局规划不当无法形成聚集效应，既无法招揽商户入驻，也无法吸引游客，成为荒废场地，造成大量资源的浪费。

《条例》在总则第三条新增了切实践行正确的权力观、政绩观、事业观的要求，在分则政治纪律部分充实了对政绩观错位、违背新发展理念、背离高质量发展要求的处分规定，将搞劳民伤财的“形象工程”“政绩工程”行为由违反群众纪律调整为违反政治纪律，这体现了对政绩观错位所造成的政治危害的充分考量。因此，这就有助于引导党员干部在履职过程中找准出发点，把真正服务国家和社会发展的事业作为自己奋斗的目标。

（二）坚持党性党风党纪一起抓

针对当前存在的突出问题，《条例》坚持党性党风党纪一起抓，放大标本兼治的综合效能，细化完善各项纪律规定，织密制度笼子，推动管党治党思路更加科学有效。

1. 牢固树立党性观念

党性是党员干部立身、立业、立言、立德的基石，既体现为党的先进性和纯洁性，同时也体现为中国人民优良品质和中华民族美德。党性不牢，地动山摇。树立好党性是党员干部遵规守纪的前提，而党性的缺失也往往会成为党员干部违法乱纪的开端。勐海县民政局殡葬管理所原所长白某某为谋私利，竟伙同下属工作人员杨某某、李某某在所管理的业务中向“死人”伸手，每具骨灰仅向下葬师支付安葬费 100 元，私自截留 200 元，在四年的时间内，三人截留私分下葬费高达 12 万元。除此之外，三人又伙同陶某某以入股分红的方式向逝者家属提供碑刻服务，并从中牟利。由该案例可以看出，白某某等几人被个人私利冲昏了头脑，把为人民服务抛却脑后，而这背后的原因就在于党性的缺失，党性的缺失又进一步引起了道德沦丧，向“死人”伸手。也正因如此，每名党员干部都要树立牢固的党性观念，自觉加强党性锻炼，增强党性修养。

在关于党性的纪律方面，《条例》着重指方向、明路径，在总则第二条增加“弘扬伟大建党精神，坚持自我革命，贯彻全面从严治党战略方针”，在总则第三条增加“坚守初心使命”等内容，这有助于警醒和教育广大党员干部，注重从党的光荣传统中汲取纪律养分，严于律己，引导党员干部赓续红色血脉，不断提升自身党性修养。

2. 建设优良党风

党的作风是塑造党的形象的关键要素，同时也是反映党群干群关系、人心向背的重要风向标。中国共产党自成立之初，就高度重视作风建设，百余年来，中国共产党的奋斗史也是一部优良作风的建设史，也正因如此，我们党才能够团结带领人民取得革命、建设、改革的辉煌成就。然而，随着时代的发展、社会的变化，“四风”问题在党内开始有所抬头，侵蚀着党的作风。随着党的十八大以来我党持续不断地进行整治，党风得以不断好转，但一些“四风”问题也开始由明转暗、改头换面，在一定程度上影响了党风的进一步好转。比如，上海市闵行区原副区长，市公安局闵行分局原党委书记、局长，市公安局原一级巡视员郑文斌在 2013 年至 2021 年，多次违规出入私人会所，接受管理和服务对象以及下属公职人员的宴请，违规收受礼品、礼金，长期公车私用，并违规配备专职司机，最终，这些“四风”问题同其他违法违纪问题一起让郑文斌受到了开除党籍、开除公职的处理，同时涉及犯罪的问题被移交检察机关依法审查起诉。马鞍山市当涂县团委书记黄某在“青年大学习”中层层加码加重基层负担，2022 年 3 月，安徽省委巡视发现，当涂团县委在开展“青年大学习”网上主题团课活动中，层层加码提高参学率，存在形式主义问题。对此，黄某没有认真落实整改，仍旧在当年 9 月至 10 月安排工作人员通过微信群发布全县各小学参学人数，变相要求各小学组织学生参加学习活动，各基层小学及学生家长反映强烈，最终，黄某因此受到党内警告处分。

习近平同志指出：“在历史的长河中，那些帝国的崩溃、王朝的覆灭、执政党的下台，无不与其当政者不立德、不修德、不践德有关，无不与其当权者作风不正、腐败盛行、丧失人心有关。”[①] 因此，党风廉政建设要常抓不懈、永远在路上，尤其是中国共产党作为百年大党，要永葆先进性和纯洁性、永葆生机活力，必须一刻不停地推进党风廉政建设和反腐败斗争。在党风纪律方面，《条例》针对当前“四风”问题潜滋暗长、隐形变异的情况，坚持问题导向，对监督执纪当中的痛点、堵点、难点，进一步细化或新增纪律规定。比如，在廉洁纪律中，第九十八条增加了以讲课费、课题费、咨询费等名义变相送礼，

① 习近平：《之江新语》，浙江人民出版社 2007 年版，第 258 页。

第一百一十八条增加了违反会议活动管理规定、擅自举办创建示范活动，第一百一十九条增加未经批准租用、借用办公用房等方面的处分规定；在工作纪律方面，第一百三十二条增加了对“脱离实际，不作深入调查研究，搞随意决策、机械执行”“违反精文减会有关规定搞文山会海”“在督查检查考核等工作中搞层层加码、过度留痕，增加基层工作负担”等行为的处分规定。这些新增和完善的规定有助于堵住党风廉政建设中的制度漏洞，补齐短板，为优良党风的培育提供制度保障。

3. 不断严密和完善党纪

纪律是管党治党的戒尺，也是党员、干部约束自身行为的标准和遵循。在党的第十八届中央纪律检查委员会第三次全体会议上，习近平总书记用“不以规矩，不能成方圆”强调了党纪的不可或缺性，同时还引用了“木受绳则直，金就砺则利”强调了纪律的作用。[①]“不以规矩，不能成方圆”，首先就要有严密且完善的纪律规矩。如果纪律不够严密完善，党的各项事业建设就会缺乏系统全面的规范和约束，进而引发各种各样的问题。从查处的案例来看，尽管违法违纪在思想、政治、组织、纪律、作风等多个层面表现出的问题形式各异，但核心问题多数与党的纪律及其建设有着直接的关联。比如，2020 年 11 月至 12 月，在国家统计局的督办下，江西省统计局对九江市修水县涉及统计违法行为的线索进行了深入的执法检查。检查结果显示，修水县规模以上工业企业的统计数据存在严重失真问题，存在“空壳”企业报送虚假统计数据的情况。同时，相关部门和工业园区被发现存在授意、指使、强令统计调查对象或其他机构、人员编造虚假统计资料的行为。对此，江西省有关方面对涉及此事的 7 名责任人给予了党纪政务处分和组织处理，这些

① 《十八大以来重要文献选编》上，中央文献出版社 2014 年版，第 770 页。

责任人均为乡科级及以下人员。此外，江西省统计局还对43家提供不真实统计资料的违法企业进行了行政处罚。上述案例的发生在一定程度上是与以往党纪缺失存在一定关联的。

因此，针对当前存在的突出问题，在具体的党纪方面，《条例》将原来一些适用兜底条款的违纪行为进一步细化，或针对问题增加新的条款。比如，在出国（境）管理方面，第九十一条细化了对于“擅自变更线路、无正当理由超期未归”的处分规定；对于统计造假问题，第一百三十九条新设置了统计造假的直接责任、领导责任和失察责任的处分规定；在干预和插手行为方面，第一百四十三条增加了“对干预和插手行为负有报告和登记义务的受请托人，不按照规定报告或者登记”的行为的处分规定。这些细化和新增的条款使党的纪律标尺更加明确，为党员、干部划定了更为清晰的行为边界，有助于更好地发挥党纪的指引作用，使党员、干部增强自我约束意识，同时也为党的监督执纪工作提供了更为有力的党纪武器。

习近平总书记强调：“党性、党风、党纪是有机整体，党性是根本，党风是表现，党纪是保障。”[①] 党性、党风、党纪的内在关联性决定了必须三者一起抓，“一起抓”就是要统筹三者整体发力、同向发力、同时发力，以系统观念为指引，推进全周期管理，确保党性、党风、党纪的协同推进。坚持党性、党风、党纪一起抓的关键在于以党性觉悟锤炼思想、以党风纠治整肃作风、以严明纪律凝心聚力。我们要将纪律教育与党性锤炼、廉洁文化建设紧密结合，深入融合正反两方面的教育，引导党员干部坚定理想信念，坚守人民立场，筑牢忠诚于党的政治品格，坚持在查处问题的同时，不断完善相关制度，确保在扶正祛邪的同时，也能够固本培元，推动党的先进性和纯洁性

---

① 《习近平关于依规治党论述摘编》，中央文献出版社2022年版，第186页。

不断提升。

（三）加强对干部全方位管理和经常性监督

构建一支忠诚、干净、担当的高素质干部队伍，是一项复杂而系统的工程，它要求我们全面、细致、持续地加强对干部监督，确保管理标准的严格性，体现在责任上全链条、管理上全周期、对象上全覆盖的监督，推动正风肃纪向系统整治、全域治理提升转变。

1. 坚持责任上全链条

责任意识是个体或组织对自身所肩负职责的深刻认识、明确界定与衷心认同，是推动其积极行动的关键动力之一。就中国共产党而言，从其自身的理论体系、核心理念及百年奋斗历程来看，无疑都展现出强烈的责任意识。这种责任意识的精髓，集中凝结在中国共产党的初心与使命之中，彰显出其坚定的担当精神。作为党的好干部，“必须有责任重于泰山的意识，坚持党的原则第一、党的事业第一、人民利益第一，敢于旗帜鲜明，敢于较真碰硬”①。然而，在实践中，一些党员干部的宗旨意识不够牢固，政绩观念存在偏差，责任心有待加强，导致“新官不理旧账”的问题时有发生。2019 年初，在柳州市柳南区，添翼种养专业合作社通过招商引资与龙汉岭林场达成协议，双方约定合作共建 4400 亩的竹笋种植基地，在竹苗种下后，正式合同却签不下来，导致引入资金技术受阻。通过对项目规划、推动、落实的全链条监督，发现问题的根源在于该区自然资源局存在推诿扯皮和“新官不理旧账”现象。由于行政区域划分、机构改革等因素，自 2019 年 5 月起，龙汉岭林场已归属柳南区自然资源局管辖。然而，该区自然资源局对林场归属前的项目持漠视态度，一再拖延不处理，甚至在柳南区人民政府已召开

① 《习近平关于力戒形式主义官僚主义重要论述选编》，中央文献出版社 2020 年版，第 98 页。

专题会议协调推进项目的情况下，该局仍消极应对，工作进度明显滞后。

因此，在责任链条方面，《条例》第一百三十条对于该类问题增加了对“新官不理旧账”行为的处分条款，“对于到任前已经存在且属于其职责范围内的问题，消极回避、推卸责任，造成严重损害或者严重不良影响的”，给予相应的处分，这进一步从制度上堵住了“新官不理旧账”的漏洞，完善了对于党员责任的规定，有助于保证党的各项工作的连续性。

2. 坚持管理上全周期

在管理的全周期方面，《条例》第一百零五、一百零六条完善了对离职或退（离）休干部的管理规定：第一百零五条着重就从业方面完善了对离职或退（离）休干部接受与原工作业务直接相关的企业和中介机构等单位的聘用、从事与原工作业务直接相关的营利活动的处分规定；第一百零六条着重对影响力运用进行了规定，对于离职或退（离）休干部利用原职权或者职务上的影响，为亲属或其他特定关系人谋取利益，或是为他人谋取利益，本人的亲属和其他特定关系人收受对方财物等行为作出了处分规定。

曾任宁夏回族自治区工业和信息化厅党组成员、副厅长的张宏年于2020年9月退休，在当年10月就向原管理和服务对象宁夏某公司总经理胡某某打招呼，让其儿媳霍某在该公司长期挂名领薪。2021年5月至2023年11月，张宏年在退休后接受了多个单位和个人提出的请求，借助他过去职权和地位所带来的便利，通过向其他公职人员施加影响，为这些单位和个人在申请项目补助资金、职务提升等方面谋求不正当利益。他也因此先后收受了这些单位和个人赠送的共计93万元的钱款。张宏年也因此受到了开除党籍、取消退休待遇的党纪政务处分，并受到了有期徒刑10年6个月、罚金70万元的法律惩处。

因此，针对一些违法乱纪的党员领导干部，妄图通过退休逃避惩罚，实现“一退了之”或是在位不收退休收，利用退休“打掩护”，搞“期权式腐败”的现象，《条例》进一步完善了对党员干部的全方位管理和经常性监督，以警示党员干部，无论在职还是退休，都必须坚守党性原则，严格遵守党纪法规。即便在退（离）休和离职后，也必须保持高度的自觉自律，恪守底线，廉洁自律，明确行为界限，知“可为”和“不可为”，自觉在工作和生活中接受监督和约束。

3. 坚持对象上全覆盖

在对象覆盖方面，新修订《条例》删除了第一百四十一、一百四十二条等多个条款中关于违纪主体“党员领导干部”的表述，这就意味着无论是插手市场经济活动还是干预司法、执纪活动，受到纪律约束和处分的对象已经不再局限于“党员领导干部”，而是拓展到了所有党员。这体现了我们党全面从严管党治党的坚定决心，无论是党员领导干部还是一般党员，坚持一视同仁，都要受到党的严格管理和监督，确保党的纪律和规矩得到全面执行，使党的纯洁性和先进性得到有力维护。

近年来，党员干部利用职权为亲属谋取利益问题多发，比如，常德市委原常委、原副市长涂碧波利用职务之便，为家族企业谋取私利，涉嫌严重违纪违法。在2004年至2021年的任职期间，涂碧波通过组织饭局、介绍亲属、直接干预等方式，为家族企业在房地产开发建设方面大开方便之门，获取了巨额利益。随着他职务的升迁，家族企业也逐渐壮大，控制了多个房地产公司，并在常德市开发了多个房地产项目。涂碧波及其妻子还积极参与这些企业的投资分红，进一步加剧了利益输送的问题。此外，2017年至2018年，涂碧波还利用其职权为其妻弟欧阳某在融资举债等项目中提供便利，并通过欧阳某低价受让某公司土地使用权的方式，进行隐蔽的利益输送。这一行为不仅严重违反了党纪国法，也损害了党和政府的形象。涂碧波由于存在多项严重违纪违法问题，2023 年 6 月受到了开除党籍、开除公职的处分，其违纪违法所得被收缴，涉嫌犯罪问题也被移送检察机关依法审查起诉。

新修订《条例》在监督对象上扩大到全体党员，有助于加强对领导干部亲属、身边工作人员以及其他特定关系人违规行为的规范和制约，这一举措强烈传达了全面从严治党日趋严格、执纪力度持续加强的明确信号，提升了《条例》的现实针对性。这充分展现了我们党在管党治党中绝不存在特殊党员、不留任何死角和空白的坚定决心。

4. 把从严管理监督和鼓励担当作为统一起来

习近平总书记强调，要坚持严管和厚爱结合、激励和约束并重，坚持“三个区分开来”，更好激发广大党员、干部的积极性、主动性、创造性，形成奋进新征程、建功新时代的浓厚氛围和生动局面。从严管理监督和鼓励担当作为是管党治党中不可或缺的两个方面，它们之间既相互独立又相互依存，共同构成了党组织健康发展的基石。

从严管理监督和鼓励担当作为之间的关系是辩证统一的。首先，从严管理监督是确保党的纪律执行和维护组织秩序的重要保障。通过严格的纪律约束和监督管理，能够规范党员的行为，防止违纪违法行为的发生，从而为党员履职尽责营造风清气正的工作环境。同时，严管就是厚爱，从严管理监督也能及时纠正党员履职过程中的错误，防止小问题演变为大祸患，从而能够为党员的担当作为提供更好的保障。其次，鼓励担当作为同样重要。担当作为是指党员在面对困难和挑战时，能够主动承担责任，积极寻求解决方案，为党的各项事业发展贡献自己的力量。这种精神能够激发党员的能动性，切实履行好自身责任。

新修订的《条例》坚持了从严管理监督和鼓励担当作为相统一的原则，既坚持正向激励鼓励担当作为，也从负向激励遏制不作为，推动党员干部更好地履职尽责。

一是在正向激励鼓励担当作为方面。新修订《条例》在总则第十九条分别对免予处分、不予处分、不追究党纪责任作出规定，为落实“三个区分开来”的要求提供了明确依据，即“把干部在推进改革中因缺乏经验、先行先试出现的失误错误，同明知故犯的违纪违法行为区分开来；把尚无明确限制的探索性试验中的失误错误，同明令禁止后依然我行我素的违纪违法行为区分开来；把为推动发展的无意过失，同为谋取私利的违纪违法行为区分开来”，从而为鼓励党员干部担当作为指明了方向。在《条例》第一百三十七条当中，又对滥用问责进行了处分规定，对于“滥用问责，或者在问责工作中严重不负责任，造成不良影响的，对直接责任者和领导责任者”给予相应的处分，这进一步防止了因问责泛化而对党员的履责积极性造成伤害，有助于鼓励党员积极担当、主动作为。

二是在负向激励遏制不作为方面。当前，一些党员干部对待工作不够认真，缺乏主动性，表现出一定程度的不作为的情况，比如，抚顺市清原满族自治县水务局原副局长孙学军在 2017 年至 2022 年任职期间，对水利工程项目招投标和工程施工的监督管理表现得相当敷衍，使得这些重要环节几乎流于形式。这种不负责任的态度，给了一家公司可乘之机，该公司利用围标手段串通投标，严重损害了招标人和其他投标人的合法权益。针对这类问题，新修订《条例》第一百二十六条完善了对慢作为、假作为等损害群众利益行为的处分规定，充实了对不作为行为进行处分的法律依据，能够以负向激励的方式遏制党员干部的不作为、慢作为情况，从而推动党员干部积极履责。

因此，新修订《条例》依照把从严管理监督和鼓励担当作为统一起来的原则，既通过正向激励鼓励担当作为，又通过负向激励遏制不作为，为党员履责尽责注入了新的活力和动力。

后　　记

党的二十大报告指出，“我们必须增强忧患意识，坚持底线思维，做到居安思危、未雨绸缪，准备经受风高浪急甚至惊涛骇浪的重大考验”。进入新时代，习近平总书记多次强调：“要善于运用‘底线思维’的方法，凡事从坏处准备，努力争取最好的结果，这样才能有备无患、遇事不慌，牢牢把握主动权。”党的二十大报告着重强调，要不断提高底线思维能力。习近平总书记在二十届中央纪委三次会议上指出，“在全党开展一次集中性纪律教育”。纪律是最根本的红线底线。2024 年 4 月，中共中央办公厅印发《关于在全党开展党纪学习教育的通知》（以下简称《通知》），指出自 2024 年 4 月至 7 月，在全党开展党纪学习教育。《通知》明确，要坚持以习近平新时代中国特色社会主义思想为指导，聚焦解决一些党员、干部对党规党纪不上心、不了解、不掌握等问题，组织党员特别是党员领导干部认真学习《条例》，做到学纪、知纪、明纪、守纪，搞清楚党的纪律规矩是什么，弄明白能干什么、不能干什么，把遵规守纪刻印在心，内化为言行准则，进一步强化纪律意识、加强自我约束、提高免疫能力，增强政治定力、纪律定力、道德定力、抵腐定力，始终做到忠诚干净担当。2024 年 5 月，习近平总书记主持召开企业和专家座谈会强调，改革有破有立，得其法则事半功倍，不得法则事倍功半甚至产生负作用。要坚持守正创新，改革无论怎么改，坚持党的全面领导、坚持马克思主义、坚持中国特色社会主义道路、坚持人民民主专政等根本的东西绝对不能动摇。习近平总书记的这段论述实际上划定了进一步全面深化改革的底线。

为深入学习贯彻习近平总书记关于底线思维的重要论述、进一步全面深化改革的“四个坚持”的底线的论述，以及党的二十大对党员干部提高底线思维能力的要求，我们组织编写了《底线》一书。

本书由中央党校（国家行政学院）科研部副主任、教授、博士生导师洪向华牵头组稿，担任主编，具体承担编写任务的是：第一章由火箭军工程大学副教授王珩承担；第二章由中央党校（国家行政学院）经济学教研部博士、中国航天科工二院党校工程师李瑞雪承担；第三章由北京林业大学马克思主义学院副教授朱红承担；第四章由中国传媒大学马克思主义学院副教授刘洁承担；第五章由辽宁省委党校（辽宁行政学院）教授郑超承担；第六章由河南省委党校（河南行政学院）讲师石东伟承担。

在写作过程中，本书参考了大量的著作、论文，未能一一列举出来，一并对业内同行表示感谢。中央党校出版集团国家行政学院出版社的同志做了很多具体工作，给出了非常宝贵的建议。在此，对他们的辛勤劳动表示感谢。

由于时间仓促，能力有限，有些错误在所难免，有些内容也需要进一步完善，恳请读者和有关专家不吝指教。

洪向华

2024 年 7 月